U0030979

母親進行式

楊子霈——著

輯二——母親結束了人生旅程

那些花兒的自我凝視與撒籽飛颺

石曉楓（臺灣師大國文系教授）

子霈是我學院授課生涯初期的學生，也許因為年齡差距不算過大，多年以來，我們一直維持亦師亦友亦姊妹的關係，也見證過彼此生命裡頗多重要時刻。子霈的外型白皙瘦削、心思纖細敏感，然而內在卻有股強大而堅韌的意志力，很難相信「我見猶憐」與「女中豪傑」兩種相異的氣質，可以微妙地融於一人之身。學生時代，她的散文創作細密又冷酷，有銳刃鋒芒；出社會後，待人處事卻能將此兩種氣質發揮至極致，既能微妙體察人心，又能巧手化解瓜葛，那俐落架勢很是令我佩服。

而她最有情有義的對待，體現在數年前我因意外骨折開刀，出院後寸步難行，時居高雄的子霈聽聞消息後，連夜帶了幾本挑選過（也試探過我閱讀意願）的書北上探視，她先由臺北車站轉往南門市場採購廣受好評的熟食，再轉車到家附近的百貨超市採買生鮮蔬果，最後準時於正午時分到訪，不但當日午膳已齊備，後數日的物質與精神食糧亦一併處理完畢。這事具體而微地體現了子霈的縝密心思，也真讓我感激涕零，想像她如木蘭般「東市買駿馬，西市買鞍韉，南市買轡頭，北市買長鞭」，雖不至於「朝辭爺孃去，暮宿黃河邊」，畢竟也南北奔波，以瘦弱之軀負重行遠，誠意委實可感，行事不可謂不周到。

這樣的子霈對人生進程當然自有規畫，多年來她教學認真、創作不輟，與先生之間的感情也細水長流，穩定而和諧，唯獨在生孩子「最佳時機」的取決上舉棋不定，她遠從艾莉絲．孟若、希薇亞．普拉絲等作家的生命歷程，張漱菡、李黎、張讓等作家的作品裡探問端倪，近由周遭長輩口中套問經驗談，子霈的上下求索、反覆辯證體現了她一貫的審慎態度。然而，命運之神一拐彎，便將眼前的棋局瘋狂掃亂，數月之間，她意外體驗了懷有雙胞胎的驚喜交加，以及母親一夕倏然辭世的沉重打擊，在最需要母者支援的時刻失卻母者，在即將成為母者的路上，從此便只能展開漫漫的自我摸索。

一九九〇年代以降在臺灣出版的女性育嬰散文，遠有簡媜的《紅嬰仔》、宇文正的《新媽和蘋果籽》，近則有蘇美《文藝女青年這種病，生個孩子就好了》，大抵皆以長篇散文的形式，從得知懷孕時的驚喜之情、孕吐、胎動、性別期待，乃至於生產時的疼痛煉獄，生產後的哺乳困難、坐月子甘苦等，一路而下俱是育兒血淚史的記錄。然而相較於前輩書寫，可以感受到蘇美、子霈這一代的七〇後作者（無論兩岸），個人意識顯然相對強烈，在孕育新生命的過程中喜悅誠然不減，但溫柔的謳歌與期待裡，總會聽到猛烈撞擊的雜音，她們需要花費更多唇舌，說服自己為何犧牲以及犧牲的限度，從本書開篇引西蒙．波娃語，可見子霈素來女性意識之明晰。也因此，七〇後這一代母親所關注的，更是新手媽媽的疼痛與焦慮、孤獨與壓抑，以及因此而來的改變與成長（蘇美語）。然而相較於文藝女青年蘇美以較多負能量正面迎擊的嬉笑怒罵，子霈的筆調則明顯節奏明快，以理性的思考與辯證見長，全書從個體自我實踐的問題，到夫妻共識的琢磨、親屬關係的位移調整，乃至於整個社會體質的考察，子霈都能做到全方位的觀照。

《母親進行式》裡最讓我嘆服的，是孕期及育嬰階段裡，除了關注自我生理不適以及雙胞胎教養之外，子霈猶能以其一貫細膩體貼的特質觀察環境，親歷／探究醫療結構中的醫院分級制、健保制度、醫療糾紛種種問題；在僱主身分之外，理性平衡僱傭關係；在托嬰過程中關注收托比，並為照顧工作者的薪資偏低發不平之鳴，凡此皆非翻閱育嬰手冊、吸收育嬰新知能得，唯設身處地、關注周遭環境得以致之，由此看來，此書顯然在自我扣問之外，有更廣闊的社會面向。而《母親進行式》裡最讓我感動的部分，則是這位拿到「疼痛入場券」的孕婦一路行來的自我成長，她體會到疼痛的身體經驗，可以讓女性「領悟了生命的得來不易，從此再沒有更大的疼痛能擊倒她」；她在照撫雙胞胎時生命虛耗的焦慮之外，體會到生命如花開，錯過了感動的瞬間，就再也不能重來。某些時刻，子霈還能發出意味深長、頗具哲思的評論，例如感受到懷抱新生命的開心後，她寫道：「所以為什麼很多小說會以新生命的誕生來作為救贖，比如蕭紅《呼蘭河傳》裡的馮歪嘴子、或黃春明〈看海的日子〉裡的妓女白梅，其來有自。當然政客喜用懷抱兒童來漂白自身罪惡，也是一樣。嬰兒如菩薩，對待眾生無差別心，面對菩薩會生出修行之心或利用之心，也就端看個人。」（頁一一三）她看世事人情真如張愛玲般冷澈，但冷澈中又自有溫暖懷抱。

《母親進行式》輯二「母親結束了人生旅程」裡另有四篇文章，寫孕期中母親驟然過世，無緣目睹雙胞胎來到人間的遺憾，這部分篇幅不多，子霈輕描淡寫、筆調冷靜，也令我回想起當時種種情狀。緣於許久未見她的臉書更新，我去電問候，擔心是否身體小有狀況，未料數週之間，子霈竟已經歷、打理完醫院靈堂葬儀諸般繁瑣事務，一時間我驚愕無語，子霈卻還能安慰我無須掛慮，她現已專注於腹中胎兒，不會胡思亂想，這就是向來不願驚擾他人的、體貼入微的子霈。

思及與子霈等學生輩的多年情誼，日子在走、地球在動，眼見她們由校園青澀學子，逐步邁向職場與家庭，眼見她們戀愛、結婚而後生子，耳際此時響起多年前朴樹的〈那些花兒〉，那些花兒都哪裡去了？歌詞裡嘆道：「她們已經被風吹走，散落在天涯。」對於散落天涯的學生，我也有這樣的感慨與悵惘，更有些微微的擔慮，然而子霈讓我看到了她的成長，我覺得這本書最珍貴的部分是，子霈在大地震般的生命經歷裡，體會到凡事計畫、追求完美乃至於神經質的生活方式，其實太過緊繃；她也從母親自我犧牲的平凡身影裡，開始反思是否過往對「成就」的定義太褊狹、太與男性觀點看齊？

曾經不耐於養育任何活物的文藝女青年，在時序入秋時，成為願意守候花開的母親，「那些花兒」終於也有了撒籽的心情。生命自會長成應有的樣子，相信母親的身分，並不會干擾到內在敏於生活、敏於思考的子霈，我期許一雙小兒女能如她們父母的期待般，「愉悅」地成長為「逾越」成見及體制藩籬的自由個體。至於創作，則是母親與自我對話並面對世界的方式，這本書的出版，於是表徵了另一種「種花」的心情與期待，祝福子霈。

環連之成

楊昌年（前臺灣師大國文系教授）

一、楊門女將

因她的姓氏，子霈自是名副其實的「楊」門女將。她很出色，大學時就曾有小說創作使我刮目；進到研究所之後改弦易轍，由小說的「面」濃縮到散文的「線」，一篇〈衣〉曾被我提出來由全班觀摩。或許就由此確定了她的創作路線與研究方向，九十四年以《張讓散文研究》大獲好評。當時師大的碩、博士出路已然不佳，子霈的情況算是中等：雖沒有如學長中已享作家聲名或榮膺大學一方諸侯那樣的風光，但較之失業侘傺或僅仗兼課糊口的要好得多。她進公立高中，又轉來通都大邑，我去南部時見到小倆口，很放心。其後又得知她一舉兩得，寄來「兩千」的萌照，肥嘟嘟好一對小娃，好可愛。

來電說要出書、要我寫序，心想很可能是與「兩千」有關，希望不要是「媽媽經」就好。書稿寄到，掀開來一看，嘿！簡直就是如胡蘭成初睹張愛玲〈封鎖〉時的反應：「立即正襟危坐。」看來這小姑娘非但不曾被「人之患」磨失靈氣，筆下似乎又更勝曩昔。

二、亮麗之形

文藝創作看重的堅實的「神」，若非有旗鼓相當的「形」之輔成不克為功，子霈之作於此相得益彰。首篇開頭：「我的心理季節仍在盛夏，還無法像秋日的果實，成熟到願以全身果肉來包孕一顆果核的地步。」那樣的靈動使人眼睛為之一亮。這一線分析如：

(一)形、喻鮮活：

作者的形容、譬喻的基本功紮實，信手拈來即是引人入勝，長句設計最是可觀，抽樣如：

月子中心像一襲華麗的暖被，把元氣大傷的我穩穩包覆住，在裡面整整蔺居了一個月，我才有力氣蛻變成全新的母親，穩穩降落到日常生活裡繼續育兒。——頁七十六

出生的時間「落點」非常之好，剛好在學期中，放完產假就是畢業典禮了，讓我一天產假都沒有浪費，然後又接著放暑假，使我比一般人有再多一個月的產假來「軟著陸」，平穩降落職場大陸。——頁一〇六

面對斷奶，雖有一絲惆悵，卻更多是「斷尾求生」的痛快感。——頁一〇八

小孩的成長，真像花開、像日出一般，靜默無聲地醞釀一陣，突如其來就綻放了！錯過那個感動的瞬間，就再也不能重來。——頁一一一

小女娃本來就光澤閃耀，肌膚似雪，禮服上身更是華麗悅目，看得大家心花怒放。——頁一一八

(二)情的充盈

天地有情，文學天地中情更是位居北辰。它的自然、純真不似理念那樣堅硬；除開原有的感染功能之外，同時又是引導由形及神的棧道。子霈文本有情充盈，而又能不滯於濫情，用敢紹介：

引黃麗群之言：「有時我懷疑，我們這一代人來，難道就是為了看最好的時間過去，當那個最後離開派對、收拾碎杯殘酒的人？」——頁二十九

臺灣好光景的最後一班列車已經鳴笛正要開走，我這個世代，只能萬般遺憾地趕到月臺，目送車班離去。——頁二十九

這個時代和社會，沒有戰爭和饑饉，可是怎麼如此讓人疲倦，逐漸失去活力和希望？——頁三十【以上三則，應是最能引人共鳴的時代感喟。】

妳終於了解，母親，妳的名字是囚禁。——頁八十四【得與失不成比例，深沉的悲憫。】

在多情父母的眼中看來，孩子的語言也都像南京玉一般晶瑩可貴吧？——頁一四九【情之所鍾原由主觀。】

這時母親已宣告急救無效，只是呼吸器尚未拔掉，趁此時最後一次再握住母親冰冷的手，感受那手熟悉的觸感與形狀，因為接下來都握不到了。——頁一七五【天人永訣剎那間的萬千不捨。】

對我來說最驚心的是她死前提到的「五六十塊一碗就很好吃的葡萄」，還放在冰箱裡，試吃一顆果然好吃，但我想這會是我日後對葡萄揮之不去的陰影吧！總之，家裡處處是思念的地雷，隨意碰觸到都要讓人魂飛魄散。——頁一八〇【最悲傷的睹物思人。】

三、神之堅實

文藝淑世的功能大項在人生調適與人性提升，兩項在文本中表現均為堅實：人生方面列舉多項人生況味以及由生養經驗獲知的理念、價值貴重；人性方面尤為奢遮，她掌握了由人類原型所生的悟得，從而推衍出應行的環狀運作的人生構圖，價值評斷將是現代女青年必應省思檢討的要項。今為析介：

(一)人生況味：

「世界上有一半的人，不知道另一半的人怎麼生活。」——頁六十【可怕的是愚昧自私，可悲的是隔膜的人際關係。】

夫妻之間，停下來等待對方成長，也是一種前進。——頁八十三【「成長」一詞或不無崖岸自高，但既然差異一定存在，也就只好耐心等待對方省思改進。】

越近中年，我也越能接受沒有什麼事是完美的。——頁九十一【天地不全，何來完美？】

雖然鄉下醫療資源相對不足，然而健康生活下的小孩也比較不容易生病。有時想想自己前半生那麼煞費苦心地擠進市中心蛋黃區工作買房，市中心卻是最不宜於養小孩的環境，人生所求究竟為何？——頁一五三【人生不全性的大項：得失互見。】

其實無論夫妻、同事、朋友等哪一種人際關係，只要能暢所欲言，大抵就還不壞。不過人對言論自由的容忍度通常比自以為的還要低，特別是長官對下屬，老鳥對菜鳥，父母對子女，關係往往也就凝滯淤塞、終至壞死。——頁一五七【明明知道而偏偏就做不到，不能全怪他人，還是要由自身做起。】

母親的一生，平凡無奇，就只是不斷付出。——頁一九六【若能「不斷付出」，那已就不是「平凡無奇」了。】

㈡**生養之理：**

新手為人母者的經驗之談，足供參考、省思。如：

舉劉梓潔在〈親愛的小孩〉中所述：「三十初頭女子在生子方面是到了『最後點餐時間』，如果選擇不要，不知往後是否將呆看他人享用幸福而徒流豔羨的

口吻？如果選擇要，那又是否是正確的決定？」——頁三十三【是否生育難以決定，而又受限於時不我與，容不得你猶豫。】

「養小孩是很有樂趣的，眼見生命一天一天成長，會給人無比的喜悅。而有這個喜悅，會讓你心甘情願放棄許多事物，還是感覺很幸福。」——頁四十五【創造成長是最大的自得之樂，即使必須有所犧牲，「有得有失」還是值得的。】

上帝給女人體驗極致疼痛的入場券，有人豔羨、有人畏懼，無論如何，許多女人使用了、體驗了，領悟了生命的得來不易，從此再沒有更大的疼痛能擊倒她。——頁六十二【仍是得失互見，同時是女性優於男性的一端。】

但一方面我又暗自期望，兩千能一直這樣保有自己的個性，像大樹一樣自在伸展自己歧出的枝枒，逾越成見和體制的藩籬，享有因自由發揮而創造出的無限愉悅。——頁九十九【旨哉斯言，二十一世紀父母當絕對擁護的自我強化。】

引紀伯倫的詩篇〈弓與箭〉說：「你是一把弓，你的子女是生命的箭；你可以盡力把它送向遠方，卻不能規定他的落點。」——頁一一五【前條的延伸，尊

重子女的自主。】

原來生命的延續必須這樣自我犧牲，流失形體上和精神上的全部自我，才能換取一點點新生命的成長。這是一場慘烈的革命，沒有停損點，也沒有妥協處，全然是置之死地而後生。──頁一一八【養育之辛勞付出巨大沉重，之所以仍願承受者，根源是苦中之樂，苦後之樂，苦樂相生的道理。】

由封閉變成開放，是妳在生養子女的過程中，最意想不到的轉變。某個角度來看是不能堅持原則，但生養子女必得柔軟、開放一點，才能順利存活。──頁一二九【應是一種調適。成因或就是因為「育幼」之後衍生的「護幼」，或是因為有得（幼）所以肯「讓」。】

我們的教育主張是盡量讓她們自己來，寧可收拾殘局也要讓她們體會到自己來的樂趣。──頁一三五【對！該讓孩子們及早養成自立、自主的慣性，從而去探尋自得。】

小孩不能只當作細瓷來呵護，否則只能囚禁在家作父母的玩器。除了協助抵擋致命危險外，如何在一次次危機中，鍛鍊出自體的抵抗力，學習冷靜正確的處

置方式，生命才能更強壯有韌性。——頁一三六【一如成獸訓練小獸的實戰經驗，不過分呵護並非危言聳聽而正是未雨綢繆。】

「書籍出現的好處是，把文字的傳播力量做到最大的擴散；壞處是，我們容易疏忽，——甚至，貶低—書籍以外的知識來源。」——頁一五五【最最警示：讀萬卷書只是他授，遠遠比不上行萬里路人生珍貴經歷的「自得」。】

㈢**尊重原型：**

原型是人類進化迄今仍然殘存的物種遺傳，對人類的影響是有好有壞。在仗著文明、文化繼續去蕪存菁的未來歲月中，我們應對它保持尊重。

舉人類學兼靈長類學家莎拉．布萊弗．赫迪在《母性》一書中所述：靈長類雄性一心要主宰自己群體之內的雌性何時、何地、如何生殖，這種控制的動機的歷史比任何統治型態都悠久，比父權制度悠久，甚至比人類的歷史還悠久。對群體之內雌性的生殖緊盯不放，是人類尚未出現以前就有的事。——頁二十八【「母性」、「生殖」是為人類原型中最早、最強大的本性。】

妳總是不由自主地想為小孩付出更多、多到妳自己都不能承受為止。——頁

八十四【在「母性」之前，就連自私原型也得低頭。】

如果有什麼是人間煉獄的話，那麼身處於不友善的職場環境還得哺乳的職業婦女，就已經日日在體驗了！可是許多媽媽仍懷抱堅韌的母性，忍受諸多歧視與不便，只為了給小孩最天然純淨的母奶吃。——頁一〇七【可感的原型驅使下的母性堅韌。】

無論經歷多少風刀霜劍、歲月催逼，看到潔淨明亮的新生命，所有的風霜雨雪會瞬間歸零，心境突然晴好無雲。——頁一一三【就因為值得，所以才甘願不辭去蹤跡其中。】

妹妹的個性是愛冒險、超好奇，哪邊刺激往哪邊去，從來不畏懼任何事物。姊姊則小心謹慎，深怕不小心就翻覆，走動距離始終離父母不遠。性格決定命運，也許這會是她們日後人生道路的縮影。——頁一三七【可喜、可貴的人性差異，使人類終能贏過機械。】

是否老人和小孩，更接近生命的本真狀態而能相契，壯年的父母反而蔽障太深，而無法跟子女溝通？——頁一六四【一個說法是基於循環之理，老人是「活回去了」，是以老人有如小孩，故能同樂。】

嬰幼兒的形貌又總是光采奪目，從肌膚裡透出瑩潤的光澤來，閃得我們目眩神搖。皮膚Q彈可口，如同剛剝開來的白煮蛋，令人總想咬一口。——頁一六六【最明顯的物種遺傳的例證：動物的喜怒行動，可不都是用牠那一張嘴？】

(四)「環」的價值：

雖然「天道循環」早已成為可以束之高閣的老生常談，但我們又不得不佩服前行者的經驗，人生之途一路行來，軌跡顯現「循環性」已是真理。諸如物極必反、禍福相倚、過去未來、生死同衾……一圈一圈相連，無非循環。證之於文本如：

老公問他生長在農村、高齡九十三歲的外婆，人為什麼要生小孩？得到一個很有禪機的回答：「人生阮，阮生人，才公平。」——頁三十五【善盡職責，如果阮不生後人，就對不住生阮的前人。】

也許人必須感受到生命的秋意，才會緬懷春日的時光，才想藉由新生命來抵禦寒冬。／也許人到中年，才逐漸能夠擔荷別的生命，也才需要新生命來忘懷衰老。——頁四十【前條的延伸，人的中年常是轉捩點。又和前條相連的是，轉捩而有新的體悟，但有此改變已然時不我與。】

母親的死和兩千的生都極其偶然，是一連串因緣湊巧堆疊出的「果」。生為常人，我既不能掌握那因，也不能不在乎這「果」，而這「果」即將成為未來哪些發展的「因」，也是我全然無法掌控的。——頁一八七【這就是生死循環的至理。】

我生小孩前曾展開漫長的辯證與思索，或許也是受母親影響，而不自覺遵循她走過的足跡。——頁一九八【「不自覺」其實也正是人類原型中的承祧慣性。】

四、環連之成

臺灣女性散文的家系輝煌：由李昂兆示型的小說體散文（如《貓咪與情人》）到黃碧端的情文並茂，張讓的多元知性，直到簡媜情致真誠的集大成。我以為簡氏的近作《誰在銀閃閃的地方，等你》價值貢獻是可與駱以軍的小說《西夏旅館》並稱雙璧，為我臺灣文學的無慚於今樹起新的指標。子霈的文本或亦與此有關，如她以「俯視」離開本線自省，手法一如簡作中的「幻想」。當然，楊門女將與簡女士的創作指向又自不同：簡氏是提醒世人注意對夕照蒼茫「老者」的尊重關照，而子霈則是呼告今人及時去創造迎接如朝陽初升般的「幼者」。

綜上所述，那「環連」的意義已然明確：既然人生是永無終點的接力，則任誰也不願這一棒就在自己手上斷絕，有家族之綿延方能有望於國族的興盛，此一至理，已然昭示我們應及時警省而銳意承擔（當然同時要有政府、家族的合力成全）！

於是在我的眼前重現往昔的風景：先是抱在膝上香香的、肥嘟嘟的一團；七個月後進入爬蟲時代，看毛毛蟲進行曲；再來就是白白、短短、小小肥肥的腿腳站起來了，揮動著白白、小小、肥肥的雙手，咯咯地歡笑著奔跑……如此溫馨的畫面，應該是每一個家庭都曾擁有過的吧！

像是該頒給予小倆口一個「命名獎」的，兩千的命名甚對。人生追求的是什麼？不就是愉悅的存在嗎？衷心希望這文本能大「揚」特「揚」：繼兩千、子霈小倆口愉悅之後，我臺灣所有的家庭，都能享有環連的圓滿，自然而愉悅。

是為序。

二〇一六、八、二十九於臺北

輯一

終於踏上了母親之旅

一——時差

1.

原本還不想生小孩的。我的心理季節仍在盛夏，還無法像秋日的果實，成熟到願以全身果肉來包孕一顆果核的地步。我還在等自我的熟成，不想被他人期待與生物性決定。

當然也知道作母親這事，常常是發生先於理由的。春去夏來、花謝果熟，許多女人在還沒機會想清楚是否想生小孩時，就先成為了母親。是各種避孕技術的發明和文明的衍進，才讓女人有思考的時間，和選擇的機會。

我珍惜這選擇的機會，儘管也始終沒有認真去自我實現，但總覺得還沒有想清楚，貿然生下小孩，是因循怠惰、是沒有積極去追尋生命的意義就屈從於社會習俗與繁衍本能，苟且度日。

瞧瞧西蒙．波娃（Simone de Beauvoir）在《第二性》中說得多好：「今日婦女要求參加家以外的活動；在這種活動中，人類嘗試從超越、從朝向新目標及成就上，找尋生命的意義；除非生命有意義，她不該同意將新生命帶到世界上來；除非她在經濟上、政治上和社會生活上盡了一己之力，她不應成為母親。生產炮彈、奴隸、受難者，或生產自由人，絕對是兩回事……」

然而我何時才能建立自我生命的意義？生小孩對我來說，不能也是一種自我實現嗎？自我實現要到什麼程度，才能令自己滿意？生小孩這事，是用「思考」就能決定的嗎？憑藉「本能」的決定，就不是一個好決定？和生命有關的事，不需要聽聽身體裡的繁衍鬧鈴，而完全用腦思考就可以？

我希望可以安靜想想這些問題。

但我並沒有一個真空的環境容許我冷靜辯證這個命題。三十初頭的已婚成年女性，世人簡直都盯著妳的肚子看，好像觀眾盯著魔術師的箱子，不變出一隻小白兔或鴿子，他們不會甘願散場似地。

同事們的言談總像潮溼的狗鼻子，三不五時就湊向生子話題，嗅聞一下妳的生子意願；男性政客們對此議題更常血脈賁張而失言，言論內容大抵如「一個國家三十歲的未婚女性占三十％，就會造成國家不安定，更會有國安危機」這般；有些長輩更是抓緊每個罅隙運用各種明示暗示或用近乎巫術的手法催生，像是求神問卜、把小孩的衣服塞給我們帶回去壓在床頭之類。

直到讀了人類學兼靈長類學家莎拉．布萊弗．赫迪（Sarah Blaffer Hrdy）的《母性》一書，我才明瞭人們為何對女人的肚皮如此狂熱，書中提到：靈長類雄性一心要主宰自己群體之內的雌性何時、何地、如何生殖，這種控制的動機的歷史比任何統治型態都悠久，比父權制度悠久，甚至比人類的歷史還悠久。對群體之內雌性的生殖緊盯不放，是人類尚未出現以前就有的事。

放長時間觀看人類數百萬年的演化史，對很多事情的來由就較能理解，我們究竟沒能脫離猿猴太久，去古亦未太遠。

女人能不能自由選擇生子對象和生小孩的時間點，永遠是個議題，在哪個時空裡，都是喧鬧不休。

2.

我盡量不去理會這些喧擾，像一個內向自閉的魔術師，緩慢地磨磨蹭蹭，還想再反覆思量、仔細直視自己的時代環境和內心，才能決定。

我所處的時代社會富裕繁華，絕對不會比上一代更養不起小孩，所缺的育兒養分唯有「希望」而已。我生於一九七〇年代末，成長於臺灣解嚴民主化，文化、經濟都蓬勃發展的時候，然而到大學畢業時，好光景如夕陽一般倏忽逝去。解嚴所帶來的社會秩序的紛擾解放，到我出社會時已逐漸沉澱下來，有才能的五年級生已在這全面的秩序翻轉中紛紛位居要津，等他們退休還要很久；世界的冷戰局勢結束，全球化浪潮襲來，競爭變得越來越激烈、工作也越來越流動；臺灣稅制課不到資本利得，所得分配越來越惡化，加上退休年金的制度不公不義，對剛出社會的年輕人越來越不利；網路崛起，舊有的文藝資源不再掌握在幾個主流媒體手中，卻也越來越通俗和商業化，精緻的文學藝術電影萎縮到只剩極少數的小眾愛好者和創作者，大眾的閱讀品味偏向更輕、短、迅即。

跟我同年的作家黃麗群在〈然後星星亮了〉裡有一句話，相當能切中我們這代人的處境：「有時我懷疑，我們這一代人來，難道就是為了看最好的時間過去，當那個最後離開派對、收拾碎杯殘酒的人？」

臺灣好光景的最後一班列車已經鳴笛正要開走，我這個世代，只能萬般遺憾地趕到月臺，目送車班離去。

我在這樣的時世中尚稱幸運，能有一個小小的立足之地。來自小康之家，擁有無比疼愛我的父母，選讀到心中喜愛的校系和研究所，畢業後順利在屏東的國立高中任職，後來又幸運考入高雄的明星高中任教。在金融海嘯的低點在高雄市中心便宜買到理想的房子，和第一個男朋友交往十年順利結婚。

但是，每一道關卡都要費盡心力去搏鬥才能換取到。當企業綁架國家，社會全球化和少子化越來越競爭，求職、買房的門檻都變得很高，一個中學教職，必須跟一兩百人去競爭，而且現在沒考上，以後更考不上了；即使是在高雄，一棟房子，也必須忍受代銷小姐的白眼並貸款數百萬才買得到，而且現在不買，往後更買不起了。即使搏鬥成功，工作和貸款壓力都令人元氣大傷，對於小孩這樣絕對消耗心力的事物，只能再想想。

我總有一種如在電影《大逃殺》中闖關而身心俱疲的感覺。這個時代和社會，沒有戰爭和饑饉，可是怎麼如此讓人疲倦，逐漸失去活力和希望？

3.

幸福生養小孩的家庭都是相似的，不生小孩的家庭則各自有其原因。

我和交往十年終於結婚的老公討論起來，他也是可有可無，在有無之間掙扎辯證。我們都是喜歡精神生活的人，而且交往十年，濃烈如酒的激情已過，轉而為茶一般淡泊的相知相惜。雖然住在一起，但下班時總是各自沉浸在各自的閱讀中，吃飯、散步時才一起交換各自的閱讀見聞。假日四處看展覽、電影，仍然各自與所讀對象交流，在一起卻享受孤獨，誰也不拖累誰、刻意陪伴誰、牽掛誰，是很美好的生活型態。但小孩可不會讓我們這樣過下去，肯定要犧牲許多閱讀時間來照顧與陪伴他，是以每個喜歡精神生活的人，多少都會遲疑吧？

喜歡閱讀寫作的人，即使藺居在僻靜無人的鄉間都豐足熱鬧，我們並不需要小孩來填補生活的空虛，我們的精神生活很豐盈。

我想要寫作，這心願從十五歲開始萌芽，但不知為何一直受到阻礙，而且阻礙總來自於自己。對我而言，寫作是一件無比奢侈的事，需要一定的物質基礎，才能帶來無所為而為的悠閒心境；還得有不得不發的沉重心事，日夜在腦中醞釀發酵，才能流淌出醇美深刻的文字。

當然如果限縮自己的物質欲望，過著安貧卻自由的生活，也一樣可以寫作，而且在現實中處處受阻，高度生活壓力下所焠煉結晶出的文字可能更為深邃迷人。詩人李進文在〈並不會怎樣〉中提到，他刻意賣掉車和書，手機壞掉不再買，也不買房，減去一切欲求後的感覺是：「減掉什麼，不會更壞，有時更好。不管減掉什麼，生命中一定存在另一份工作，另一種夢想，另一種度日……（十三世紀波斯詩人）魯米說：『黑暗就是你的蠟燭。／你的邊界，就是你追尋的起點。』種種希望的可能，總在減到最簡單的時刻萌芽。」簡樸的初心使人動容。難怪他的作品精緻精準、創意十足，閱讀起來總令人驚豔不已。

然而高度資本主義的時代，生活在都會而飽受各種廣告催眠的我，實在沒有辦法放棄追求安穩的物質保障，也沒辦法違背我深愛的父母的期望，不去作個上班族。當然這也是華文寫作者的悲哀，就算華文讀者甚眾，然而多數處在言論不自由的政體下，出版不正常；唯一言論自由的臺灣市場又太小，作家很難靠版稅維生。不像別種語文如英文或日文作家，市場夠大，言論夠自由，無論什麼主題都有其小眾讀者，得以靠版稅維生，自然不用依附於體制。

華文寫作者，很少人能安心專職寫作，大多數人都是另有正職才能自由寫作。豈料我這一代人，為了進入體制達到基本的物質保障，必須耗費這樣多的心力，不斷地考試再考試、流浪再流浪，跟范進考舉人並沒有多大的差別！

幸運擠進教職窄門的我，沒像范進那樣歡喜到失心瘋，反而看著被升學壓力掐得快窒息的學生們，心中產生很大的不忍，而誓言絕不再複製「填鴨式教學—考試」這樣簡單的傳統教法。教改多年，高中教育現場並沒有多大的改變，仍然是大班制、課表滿滿，被月考、模擬考嚴密監控，餵食學生課本、參考書等速成維他命，而非讓他們自行攝取真正有思想有養分的書籍、並悠緩而紮實地反芻消化。

是以教書前十年，我總是兢兢業業研發各種創新有趣、可能提升學生閱讀理解能力的教學方法，寫成無數篇教學文章，也四處去演講分享。好像上了責任的發條，必須運轉到發條轉完，才能靜下來想想自己。

另外也因為資歷尚淺，不免要兼任各種繁重的行政職，處理大堆瑣碎無意義的行政事務。

我的青春就這樣無盡虛耗在各種責任義務之中，距離十五歲時的夢想，似乎還很遙遠。

轉眼間，也就來到了三十三歲。

三十初頭生活豐盈的我，不知為何感到莫名的浮躁與倦怠，自我實現遙遙無期，而對於生小孩這個議題，似乎又到了該做決定的時候了。

和我同世代的女作家劉梓潔在〈親愛的小孩〉中戲稱，三十初頭女子在生子方面是到了「最後點餐時間」，如果選擇不要，不知往後是否將呆看他人享用幸福而徒流豔羨的口吻？如果選擇要，那又是否是正確的決定？真是妙喻。

於是剛過三十三歲生日的我很浮躁，經常旅行、吃美食、買衫、見朋友，抱著彷如判刑確立即將入獄的悲壯心情，想著這樣那樣的事情以後「再也沒有」了！然而一旦悲壯起來，就無法真正享受旅行、吃喝、血拼、交遊的快樂，總像在負氣和訣別。

我甚至開始羨慕起身邊的單身男性，因為他們不握有懷孕生子的即期門票，不必猶豫是否要入場體驗，可以從從容容悠悠悠緩緩地品嘗生活。這當然是非常不理解他人處境的幼稚想法，單身男性也或許因為這樣那樣的理由不結婚不生小孩，也有他們要面對的荒涼與寂寞。但當時因為握有即期門票反而徬徨的我，忍不住產生許多膚淺幼稚的思想。

我們四處尋找答案。

作家張讓二十多年前就寫過一系列思辨生育問題的文章，至今仍是臺灣女性散文中對此議題思考最深刻的作品，她在〈初生〉中交代決定生養兒女的理由：「如果生兒育女真的是這樣驚天動地的大事，而我竟然蓄意錯過？如果我必須欠缺這人生最神祕的知識死去？一個人怎能肯定自己總是對的？如果沒有對錯，只有遺憾？我害怕無知，更害怕遺憾。於是，帶著受脅迫的心情，我將自己交給自然，像被留在荒野飼神的犧牲。」

她最終因為好奇這神祕經驗而生下小孩。我的思考接近她，然而也不禁想到：未生兒育女而老去，難道不也是一種體驗？只是無子的生活情境比較能預測，而生子的人生變化較大而已。我們應該好奇探索的，是哪一條道路呢？

選擇不生育的作家鍾怡雯在〈天生的母親〉中便把生子形容是「裂變」，需要

「大勇」，她說：「我這具縫補中的破皮囊，大概禁不起大撕裂，那撕裂既是身體的，也是心理的。我以為生孩子就像是筆直的路，突然一分為二岔了出去。生命的裂變屬於大勇，是我所缺。」

她以「裂變」來形容生子真是非常精準，我也理解她的想法。其實女人選擇單身不孕，常常只是在「避險」而已。婚姻和小孩，都不是能操之在己的投資，風險奇高，卻要耗費大把青春心力與自由，勇於進場的女人不是天性樂觀、或是運氣好找到潛力股，就是被世俗壓力強迫進場護盤。

生與不生，各人的理由都鏗鏘有力，都很能說服人。

作家李黎經歷喪子之痛後，以創作療傷，並忍受種種人工受孕的辛苦再度勇敢求子；張漱菡婚前即與丈夫協議不生育子女，要把全部青春、心力奉獻給她最喜愛的文學創作；希薇亞．普拉絲（Sylvia Plath）在丈夫外遇後，不堪繁重的育兒、家務及情感打擊，拋下兩個幼兒憂鬱自殺了；艾莉絲．孟若（Alice Munro）養育三個女兒，仍持續寫出深諳女性心理的優秀中篇小說，經歷大多數女性都曾經歷的育兒生活對她的寫作彷彿是助力……生與不生、獲得與失去，同樣都是不容易的道路。旁觀這些在夙昔的才女典型，我無法得到答案，卻又好像更理解了些做女人的艱難。

我們亦探問過長輩，他們生下子孫，理應能給我們答案。老公問他生長在農村、高齡九十三歲的外婆，人為什麼要生小孩？得到一個很有禪機的回答：「人生阮，阮生人，才公平。」

這話我們「參」了很久。為什麼別人生下我們，我們也必須生下別人，才算公平呢？沒有為國家社會貢獻人丁，難道在精神文化的領域的貢獻，就不算付出嗎？抑或是父母養育我們的勞累倍於我們所能貢獻在精神文化上的，我們也必得生養小孩徹徹底底累過一回，才還得起這種族延續之恩？

我也問了父親，後不後悔生下我和妹妹？我父親說不會，他覺得他的人生理應生養小孩，沒有小孩好像欠缺了什麼，不圓滿。但他也認為結婚生小孩都是一種心境變化，結婚久了，心境成熟了自然會想生小孩，作父母的不要管太多，我們不生他亦不強求。所以他一點也不催逼我，讓我自己慢慢去想。

我很感謝對我的各種人生抉擇都持開放態度的父親，對任何議題可不預設立場地和我理性討論。我的出生，帶給他喜悅嗎？看來似乎是，他毫不後悔生下我和妹妹。我不問母親，她比較情緒化而沒辦法理性討論這個議題，但我知道她非常愛我，為我付出了一切。我何其幸運承受上一代那麼多的恩情，讓我可以更平心靜氣地思考，能不能、應不應該把這份恩情再傳承下去。而不像被上一代虧欠甚多的人，必須不斷自我療癒和校正，才能冷靜歸零去想這個議題。

4.

辯證來辯證去，始終不能確定怎樣的選擇才是正確的。逐漸地，頑固的自我板塊悄悄鬆動，在深邃如海的潛意識中，浮出了一線「生」機，我這麼盤算：三十五歲左右生下小孩，一個就好，生活品質不會太低落，有公婆、先生、父母可輪流幫忙照料，工作上也可請育嬰假親自育嬰。年老後回想起生子這件事，總算也是入場經驗過了，沒有辜負老天給我的這張門票。至於獨生子女是否較難以教養、以及長大後孤單無依、養老的擔子較重，當時自我意識仍十分昂揚的我無能去考慮。

就在我精打細算、自以為能完全操控我的人生時，老天大概再也看不下去這個自以為是的女人，在那邊氣焰高張翻來覆去，自以為什麼都有選擇權，先給了我一記悶棍：一次例行的乳房超音波檢查，被醫生懷疑是乳房原位癌。乳腺管裡不規則的黑影，像不斷擴張的黑洞。而且一個乳房裡有兩處，用數學機率來看，怎樣都在劫難逃。大醫院的乳房攝影要排一個月，醫生要合併兩個檢查再下診斷。所以一個月內我完全被癌細胞蟹行的想像給魘住，吃生機飲食、上健身房、大量閱讀癌症相關書籍，所作所為都離不開癌症議題。

那段時間偏又常聽到身邊朋友生子的消息，不免覺得人生順序和他人顛倒，他人是先結婚、生養小孩、小孩長大後才生病，再怎麼樣也有功成身退了無遺憾的坦然。我卻可能是先罹癌、有幸治好還不知生不生得出小孩，生出小孩也不知能不能撐到小孩長大。一手好牌瞬間豬羊變色，讓我別無選擇，只能硬著頭皮面對。

好不容易熬過一個月，檢查結果兩處都是良性，但還是開刀取出比較保險。我的喜悅頓如香氛四溢，趕緊遵醫命動了小手術取出腫瘤，總算從地獄中解脫。

或許動物的生命受到威脅後，生殖力會變強。聽說臺灣早期的草蝦養殖，常會剪掉草蝦的一隻眼柄，蝦子的卵泡便會快速成熟，就可以迅速得到更多草蝦。甫從罹癌夢魇中翻身的我，突然強烈渴望可以生下小孩。以心理學家阿德勒（Alfred Adler）的「自卑與超越論」或許可以解釋：人類行為都是出於自卑感與對自卑感的克服與超越。因此，在生存下去這件事上被打了不及格的分數，雖然複查後又平反了，卻激起我想要爭取高分的意志。

於是停掉避孕藥的一個多月後，我居然順利懷孕了！

在驗出兩條線的那個早晨，我高興地告知老公，他滿臉燦笑，和從落地窗灑進來的朝陽交相輝映。生的喜悅如陽光，洶湧澎湃，和死亡帶來的悲傷一樣，都是人力難以抵禦。

去離家最近的婦產科診所檢查，一開始胚胎還很小超音波照不到，驗尿及抽血卻又證實有很濃的HCG（人類絨毛膜促性腺激素），懷疑是子宮外孕，於是被轉診到綜合醫院的「高危險妊娠」門診，這次才用超音波看到胚胎正常著床，懸浮的心也隨著胚胎安穩下來。

仔細回想起來，生小孩好像必須在一種「無明」的狀態，在佛家的解釋裡，「無明」就是「無知」，對因果生滅沒有透徹的領悟與認識，因而有所執迷而煩惱。理智無法駕馭己身在情感上的發燒昏盲，才會自然受孕。稍微想得多一點，就會生出這個那個的考量，因而生不出來了。

但如果沒有這許多「無明」的時刻，沒有這麼多貪嗔痴愛愚昧昏聵，那生活該是如何的枯寂無聊？該有多少可愛的小生命無法出生，導致世界將如何的缺少危機與轉機？

「無明」也罷，「自卑與超越」也罷，總之，在照到胚胎的那一剎那，我是喜悅的，長久漂流在質疑辯證中，終於有了命運的落腳處，從今以後的二十年，不作他想，就是好好養大一個生命就是了，也許在養育的過程中，答案自在其中。

5.

也許人必須感受到生命的秋意，才會緬懷春日的時光，才想藉由新生命來抵禦寒冬。

也許人到中年，才逐漸能夠擔荷別的生命，也才需要新生命來忘懷衰老。做女人的為難就在這裡。想要盡情發展自我而不願生育時正當生殖盛年，感受到秋意想擁有新生命時生殖力已大幅下降。生殖科技再怎麼進步，還是難以彌補高齡女性的受孕不易、染色體異常、妊娠糖尿病、高血壓等生理困境。

這種心理和生理的「時差」，至今仍無法調整過來。女人的白晝特別短，黑夜特別長，造成女人不自由的命運、比男人更巨大的壓迫感和焦慮感，許多女人因此也更奮發。

能夠不理會時差悠悠飛向夢想天空的女人，畢竟是少數。大多數人被時差搞得心煩意亂，踟躕反側，我也不例外。我不過是提早領受到生命的風霜，以為自己即將早凋而被迫調整時差，所以沒有一直猶疑到成為高齡產婦。

我在「無明」的衝動下當上了母親，心裡並不十分肯定這決定是否正確，這是身體領先於心理的盜壘、感性欺瞞理性的魔術，不過無論如何，一旦當上母親，就只能朝關愛孩子的方向走。父母給我的愛，使我面對各種情感關係無論再怎麼猶疑，都會先朝正向、穩定而持續的方向發展。我還是一個盡責的孕婦，收起咖啡、綠茶和垃圾食物，吃起葉酸、維他命和營養品，停掉健身房，推掉演講邀約，無論如何，孩子是無辜的，一開始就必須被好好對待。

經歷漫長的亂流後，我終於甘願著地，心神不寧地克服時差，融入世俗，自以為對命運已夠順服。豈料，接下來的一次門診，命運之神又給桀驁不馴且「無明」的我，另一個更為嚴峻的考驗。

二——千分之四的考驗

第二次門診，醫生超音波一照，即說：「有趣。」我很困惑，如果是不好的狀況，不會得到這樣的評論；如果正常發展，又何來「有趣」之說？醫生顯然有經驗，深怕驚嚇到產婦，繞著彎子緩緩問說：「妳家族中，有沒有人生雙胞胎？」我心中已猜到八九分，但是過度震驚，只能機械性地回答：「有，我外公本人是龍鳳胎的龍，我舅舅也生雙胞胎，我表姊又生雙胞胎。」醫生說：「那就對了，妳看，有兩個心跳。」他以杜卜勒胎兒心臟超音波，放出兩個心跳的聲音給我們聽，兩個都急促、低沉、有力，「咚咚」「咚咚」像兩隻神祕的魚龍在打水，打得我們內心波瀾起伏、方寸大亂。

醫生把教科書搬出來，給我們看三個圖，解釋「雙絨毛膜雙羊膜腔」、「單絨毛膜雙羊膜腔」、「單絨毛膜單羊膜腔」的不同。他判斷我們這是「單絨毛膜雙羊膜腔」的同卵雙胞胎（真是太厲害，超音波上只是兩個小小的光點，醫生居然一眼就辨識出來）。所謂「單絨毛膜雙羊膜腔」就是「一間房子裡有兩個隔間」，因為有隔間，所以不致臍帶相纏，然而共用胎盤，有百分之二十五的比例會發生「雙胞胎輸血症候群」，也就是胎兒互相搶血，導致一個太大一個太小，太大的那個最後可能死去——不過，若發生了再來討論如何處理。所謂「同卵雙胞胎」，就是受精卵因為不明原因分裂，所以兩個胎兒的基因會相同，外型也就會一模一樣。

每次自然懷孕只有千分之四的機率會生出雙胞胎，現在想來，能生出同卵雙胞胎跟中樂透一樣，是中了很酷的大獎。就因為罕見，而且長得一模一樣太有戲劇效果，所以許多小說、電影、漫畫，都以同卵雙胞胎為主角，如克里斯多夫．雅歌塔（Kristóf Ágota）的《惡童日記》、臺北電影節得獎電影《寶米恰恰》、少女漫畫《戀愛雙胞胎》……等；對科學的貢獻也很大，因為基因相同可以做很多對照實驗；在藝文界、體育界更是有許多雙胞胎名人，如「鬼才」香港導演彭順、彭發，中國體操選手李大雙、李小雙等等。但當下我實在太過驚嚇，只能呆呆聽醫生解說，什麼話也說不出。抬頭看了一下老公，老公看著我露出又像無奈又像安慰的微笑。

醫生還說了讓我們更魂飛魄散的話：「現在還看不出來，兩週後再來看看是否是連體嬰。」

回到家裡，打電話給母親，不愧是我母親，她一聽說是雙胞胎，立刻就命中我的恐懼：「什麼？是雙胞胎，妳完了，妳擔子會很重咧！唉喲！怎麼這麼可怕啊？」我沉著臉問她：「不然妳是要我拿掉嗎？」「當然不是啦！好不容易懷上了，幹嘛拿掉？」「不然妳是要怎麼樣？」她微弱地說：「那……好吧，恭喜妳了。」然後就因為太混亂不知該如何說下去而掛掉電話。

父親則是煩惱得要吃安眠藥才睡得著，隔天就跟住家樓下一位在當保母的鄰居打聽，問她到時有無辦法接手照顧雙胞胎。他們反應會這麼激烈，是因為見識過舅舅家裡養了兩代雙胞胎，一直以來看他們手忙腳亂又花費驚人，母親總是深感同情，但也許是自我保護機制為自己上了一層天真的保護膜，以為絕不可能發生在自己家裡（其實是不希望女兒那麼忙累），沒想到自己居然也有雙胞胎外孫！原本心理都只準備好我要生一個孩子，現在一下來了兩個，養育成本又要多加一倍，以一個小孩花費一千萬來算，像是兩千萬債務的擔子瞬間壓在肩頭，永世不得翻身，連抬頭喘氣的機會也沒有。

我不禁想像，會不會是一直以來鐵了心，至多只想生一個小孩，老天決定再給我這老是自以為是的女人一個教訓，因而派出兩位仙童，以這種形式快速衝破我所設下的子女數關卡、投胎下凡？我又再一次感受到命運的不可掌握。

於是心情低落地過了一段時間，每天都在煩惱該如何養育兩個小孩。所幸我嫁的是臨床兒童心理師，有豐富的心理衛生資源。老公找來退休的資深心理師C來跟我談談，C非常熱心，還自願到府諮商。他雖然是男性，卻是家中兩個女兒的主要照顧者，可以提供很豐富的育兒經驗。C對養小孩這事，完全不從責任、義務、讓女性的人生完整等使人憂鬱症發作的角度來談，而開門見山說：「養小孩是很有樂趣的，眼見生命一天一天成長，會給人無比的喜悅。而有這個喜悅，會讓你心甘情願放棄許多事物，還是感覺很幸福。」

當下有被療癒的感覺。我這麼任性妄為的人，怎麼能接受對自己沒有任何好處的事呢？隔兩週照超音波，小孩像吹氣球一樣突然又大了許多，的確感受到C所說的那種幸福。物質上，省點花還是養得起兩個吧？逛了家樂福童裝部、lativ網購，肩頭突然輕鬆許多，因為都好便宜。想看書就去圖書館，想游泳就去市立游泳池，才藝只要學下棋、畫畫這種省錢的就好了。

有同事轉來四胞胎媽媽的臉書網址給我，希望我相較下可以更釋懷一點：「只不過是生了雙胞胎啊！」也有學數學的朋友提供一個有趣的妙想，他說，雙胞胎就是把人家平均六年要忙完的事情花三年做完，還節省了三年人生。同樣生雙胞胎女兒的親子作家李偉文也寫道：「雙胞胎父母比起一般父母平均節省了三年時光。」因為這許多朋友、同事、名人話語來解勸，心理上，終於慢慢接受了雙胞胎。

只是生理上，懷雙胞胎的害喜現象一般來說也比懷單胞胎的媽媽嚴重，雖然沒有孕吐，但是食欲不振，對我這麼喜歡美食的人來說是一大磨難。於是跟老公說：「我可以體會古代太監的感覺了，那麼多美女在前，卻無法一振雄風。」老公說我引喻失義，這個說法不是很恰當。

於是「本我」赤裸展現，完全不煮飯了，晚餐都叫老公自己想辦法，我自己去外食，而且都要點好吃、無添加味精化學的東西才吃得下，再貴也吃，任性妄為的本性毫不壓抑，這樣才活得下去。晚餐只能吃得下一碗煲湯、一小杯麵線或果汁牛奶等流質食物，別人懷孕是狼吞虎嚥胃口大開，我則越吃越少，一開始還瘦了一公斤。如此熬過了前兩個月，到第三個月時，則因為又發生了生命中的巨變——母親因心臟病驟然過世，食欲這部分倒是像被嚇醒似地，又恢復了過來。

不舒服到極點的時候，甚至想過如果不幸流產我就再也不要懷孕了，原來懷孕是這麼不適的一件事，要花這麼多代價去換，才或許能蒙上天恩賜得到一個珍貴的孩子，這還是順利生產的情況，更有可能是付出了許多，還是沒有辦法順利生下小孩。我已經體驗到了為母者之不易了，實在沒自信能撐下去，時時想回頭，就像隨登山探險隊挑戰攀登險峰，才上路就被險峻的景象震撼到了，沒有信心能夠登頂，只想回到熟悉的平地。

但值得慶幸的是，下次回診後確定雙寶不是連體嬰，而且超音波照到胎兒初期補給營養的卵黃囊，像是自己帶了兩個小便當。

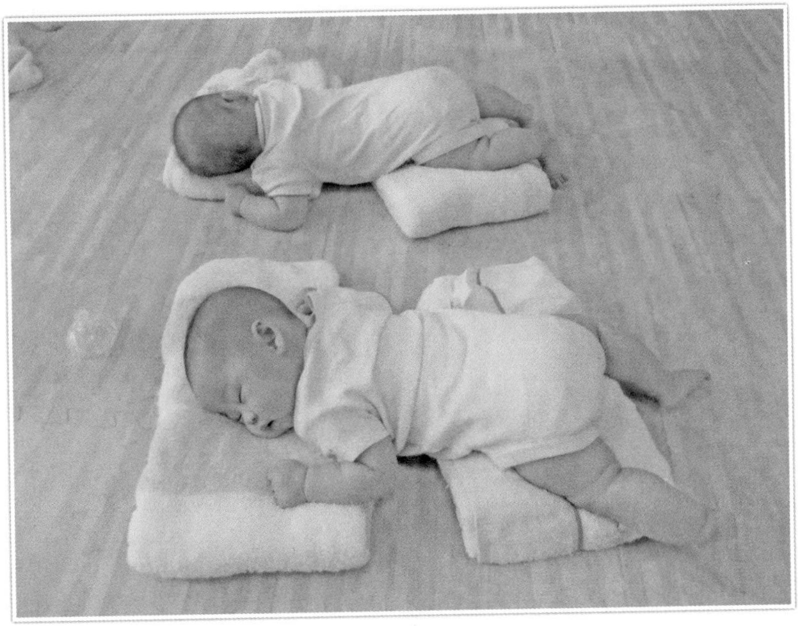

三——偷翻上帝發下的考卷

懷孕中期，是整個雙胞胎孕程中最愉快的時光，行動還大致自如，也沒有孕吐。每天從三樓辦公室爬到五樓給三個高三班拚升學，抱著成堆的書和考卷，我在心態上並沒有調整成一個母親該有的樣子，還是像年輕時候一樣衝衝衝。

十六週時做了羊膜穿刺。其實我尚未到三十四歲法定要做羊膜穿刺的「高齡」，但因懷的是同卵雙胞胎，兩個小孩基因一模一樣，一個有問題另一個也很可能會有，還是忍不住想做一下，另外還做了羊水晶片基因檢測。羊膜穿刺其實像偷翻考卷的答案，翻一下又蓋上去，但唐氏症與否那題已了然於心，便可繼續安心懷孕下去。現代人習慣以科技來自作上帝，自作主宰。而懷同卵雙胞胎不偷看答案實在令人坐立難安，每一個後果都要乘以兩倍來承受。若一次養育兩個罕病兒，實在是生命中不可承受之重，我懷疑自己是否有能力擔荷，只好腆顏以科技來偷作弊。

做羊膜穿刺時，醫生滿頭大汗，超音波照了好久才找到下針處，因為雙胞胎活動空間更狹窄。小胎兒也很機靈，一下針就立刻躲到一邊去，避免被傷到。

結果揭曉的幾週間都心情忐忑，電話一響就很緊張，還好並沒有特別接到醫院打來的電話。後來產檢看報告知道一切正常，真是大大鬆了一口氣。生兒育女真像一場賭注，一旦懷孕你便身不由己，抽到好籤或籤王都不可預期。

同時也知道了雙寶的性別，是兩個女生。當下有種輕鬆的感覺，我在都是女兒的家庭中成長，國中唸美術班，女同學多於男同學；高中讀女校，大學、研究所讀文學院，又是女同學占多數，非常清楚女兒的養成過程是怎麼一回事。而養兒子據說是比養女兒更艱難的過程，單單母體懷孕所要負擔的重量就比較重，養育過程中兒子又比較好動、叛逆、獨立，長大後多半頭也不回地離家，不像女兒會貼心陪伴父母旅遊、逛街。所以現代工商業社會下，年輕爸媽都喜歡女兒更甚於兒子。唯一的遺憾是，我這一生都不太容易了解另一個性別的成長是怎麼一回事了。

至於長輩重男輕女的性別期待，我和先生是向來不理會的，那根本是落伍不合理的父權宗法社會觀念。後來也只有在產床邊，我公公要我不要因為生女兒而覺得虧欠他們家，因為現代社會女性出人頭地的比比皆是。我知道他的本意是要「安慰」我，也表現出最大的開放與寬容。但他沒有自省到，這話語的前提，就是先預設了我生的小孩只能算是他家的，而我的功能是要為夫家傳宗接代；另外也預設生男一定比生女好，因此只生女兒將對夫家產生虧欠之心；再來是預設女人成就一定比男人差，但現代社會有許多表現優異的女人，便差可告慰其先天性別的劣勢。

但我公公比我年長了近四十歲，很少人的思想能夠超越歷經了那些時代的他，除非不斷地閱讀與思考，連我自己也不例外，因此我便微笑地沉默著。總之，品嘗話語中善意的內餡就好了，背後邏輯不要太去深究。

而就我所知，許多懷孕婦女可不若我那麼幸運，遇上懷抱善意的長輩，並能以論述及經濟獨立來抵抗重男輕女的偏見，懷雙胞胎的媽媽尤其辛苦。曾跟任教學校的兩位實習老師聊過天，碰巧她們兩位都是雙胞胎，一位是龍鳳胎的鳳，一位是同卵雙胞胎。龍鳳胎的那位說，她上面還有個姊姊，媽媽為了拚生男，吃排卵藥，終於生出了她和哥哥，所以她是拜哥哥之賜才得以降生在這世界；同卵雙胞胎的那位則說，她和妹妹是母親的第一胎，母親後來為了拚生男，又生了一個弟弟出來。

聽了真是心酸。懷雙胞胎必須承擔比一般孕婦更高的風險，好不容易生下來，卻因為是女兒而不被重視或祝福；養育過程即使比單胞胎辛苦數倍，仍被漠視，女兒不管生幾個都不算數，還被催促要拚生男。這種作賤女人的傳統遺毒，為什麼還遺留在臺灣社會？

在我生下雙胞胎的民國一〇二年，臺灣的新生兒性別比為一點零八，民國一〇四年更升高為一點零八三，較正常範圍一點零二到一點零五[1]間高出許多；民國九十二年時還曾為一點一零二，新生兒性別失衡高居全球第三名。國民健康局調查，民國一

○二年的祖父母，仍有百分之二十八偏好男孩，只有百分之九點五偏好女孩。

可見臺灣人的性別意識，並沒有自以為的那樣前進。後來我也很常被人問，這一胎生了兩個女兒，還要不要再拚生男？這其實是甚有歧視味道的問句，但問者總不自覺，要使他／她自覺又會傷了和氣，原來生活中處處可以是女性主義的戰場。權衡一下自己懷雙胞胎太累實在沒有屢屢作戰的精力，便只是自信笑答已生滿我的「額度」了，而不予理會。

於是，就開心採購女兒們的衣物了。小嬰兒的衣飾性別畫分得很清楚，多半不是粉紅就是粉藍，從小便塑造性別刻板印象。我懷雙胞胎，就同款式的粉紅粉藍各買一件，以免搞混，同時也希望她們長大後不受性別刻板印象的拘限，得以自由發揮，兼具男性與女性特質，既細膩敏銳又勇敢獨立，在生活中的女性主義戰場上，能比我更勇敢有力地一戰。

1　性別比是指族群中雄性（男性）對雌性（女性）的比率。人類生男生女並非純然一比一的機率，人口學家認為新生兒正常的人口比約為一○五（一○五位男嬰：一○○位女嬰），在人口統計學上，一般正常範圍則在一○二至一○五之間。高於或低於這個數字，背後則可能隱藏了環境、社會、醫療等因素。

四——成為家庭主婦

懷孕六個月時，我在心態上還是沒把自己當雙胞胎孕婦，不懂得好好休息安胎，整天依然衝來闖去忙碌得不得了，其中還遠征到臺中參加好友的婚宴，並逛了「一中夜市」，現在想來都是挺危險的舉動。元旦時因接待妹妹與她的日本男友來家裡住，按照自己以往的性格努力打掃了一番，白天還是上一天四節的高三課程，晚上就感到肚子很緊，嚇得趕緊去婦產科報到。被醫生責罵了一番，提醒懷雙胞胎的早產風險是百分之五十，因為雙胞胎媽媽二十八週的肚子就相當於一般孕婦的三十三、四週了！並問我工作上能否請安胎假，知道我是公立高中老師，直說：「妳怎麼不早點請假？」我一楞，依我當時的性格，是很想上班到小孩出生前，從來沒有想過請假安胎這件事，醫生的話有如當頭棒喝。轉而一想撐到下學期中生產前，學校找代課老師並不會更好找，而且恐怕肚子太大出不了門、或發生廁所產子（主角換成是老師？）的事，乾脆以學期為單位來請，教學組也好排課。

研究了公立高中教師安胎假的請假辦法，才發現非常善待孕婦，我可以請產前假八天、加病假七天加長期病假二十八天加延長病假（由醫生開安胎證明請到生產為止），通通可以領全薪，而且二〇一二年剛好通過法條，教師請安胎假不影響考績，條件真是優厚到讓人不好意思。同事開玩笑說在少子化的時代一次生兩個，一舉突破臺灣生育率，實在功德無量，應該保障考績連兩年甲等才對，不必心有不安。

其實這樣也是對的，降低早產所衍生的醫療、養育成本，對國家社會來說更划算。但我也不後悔拚命三娘似地教了一學期，畢竟是高二就帶上來的學生，彼此很有感情。

於是就遞出假單，在教師職缺僧多粥少的情況下，代課教師也順利招聘到了，是精通國樂非常有才華的高師大國文系研究生，教得真讓人驚豔，讓我當下心中石頭落地，趕緊打包把位子讓給年輕人。

不必上班，也不必照顧誰，在家就有錢領的日子，一開始很逍遙，借了好多書來看，也野心勃勃整理教書近十年的教學文章想出書。然而懷雙胞胎肚子增長得很快，大約懷孕到了七個月，就很難走路，下肢嚴重水腫，像大象腿，原有的淑女鞋都穿不下，只穿得下勃肯拖鞋。這是因為懷孕後期血液量大增，身體在為生產時的失血預作準備，而雙胞胎的肚子又比一般孕婦重許多，壓迫到血管就會水腫。我增重了十五公斤，體重來到七十，這一生從沒這樣臃腫沉重過，如同飽脹的西瓜，不再能如花朵般迎風招展，只想抱著肚腹躺在厚實的大地休息。暗自慶幸還好及時請了安胎假，不然這種狀態去職場和人碰撞後果真不堪設想。

我的狀況還算好，尚可生活自理並做一些簡單的家事。有一位整個孕期都請安胎假的朋友，她有子宮頸閉鎖不全的問題，所以初期就先動手術縫合，然後請安胎假在家休養，足不出戶了一整年，三餐是公婆料理送給她吃，連上廁所都坐電動輪椅平移過去，而無法自己走路。只要走十公尺，就會感到一陣陣子宮收縮。通電話時她囑我：「千萬不要走動呀！走動容易早產。」聽得我好生心驚。

安胎生活下，孕婦的心理問題很需要關注，因為幽閉難得出一次門，連逛便利商店都很戀戀不捨，就像張愛玲從幽閉的父親家逃出來時，感到「每一步踩在地上都是一個響亮的吻」。我的心理調適還算可以，因為喜歡遨翔書海，加上也只安胎兩個多月左右，尚能承受幽居生活。不敢想像那些必須長期住院安胎、身上插滿點滴管的孕婦，該如何熬過？

或許讓安胎孕婦撐持下去的動力，還是腹中伴隨陣陣胎動所傳出的生之訊息吧！胎動是懷孕過程中最美妙的體驗，有時像魚鰭擺尾，有時像深層地震，總在不經意的情況下晃動著，後期胎兒的力氣也越來越大，時常踢到我的膀胱、腸子，然而我總是喜悅的，從心底笑出來，像懷有兩個開心的祕密。雙胞胎有兩個胎動，是很奇妙的感受。有時會感到兩小在互相推擠，而且兩人胎動的頻率不太一致，右邊的姊姊似乎卡到好位子，舒舒坦坦，每次產檢都在原位，胎動規律、體重較重；左邊的妹妹則好似被擠到邊邊，不停地挪動位子，不時亂踢，體重也較輕——在娘胎裡，就有兩種不同的個性。生養雙胞胎是加倍付出，然而也得到許多與眾不同的樂趣。

一定要撐到三十七週以後才出來呀！我對雙寶暗自喊話。早產的嬰兒非常難照顧，因為還不成熟，喝奶時甚至會忘了呼吸，缺氧到嘴唇發紫，必須打腳心、抽出奶瓶才能提醒寶寶呼吸；後遺症也多，視力、心臟方面容易有問題。醫生說他只見過一個撐到三十七週的雙胞胎孕婦，人高馬大，言下之意像是我這樣瘦弱的人，還是早產的機率多。然而時間一天天過去，三十三、三十四週、三十五週我也都沒事，心中暗自竊喜，雙寶的眼睛、肺泡都成熟了，最危險的週數已經過去，醫生小看我了，或許我是足月產的那百分之五十吧！

我忽略了「雙胞胎輸血症候群」的風險，正鬼魅般尾隨我。

五——第一次親密接觸

儘管設想過千百次雙寶出生的情景，但我從沒有想到，會在三十五週例行產檢的當天就住院，緊急剖腹生子，然後展開住院加月子中心的在外三十七天漂流，回到家時，已像奧狄塞（Odyssseia）返家般恍如隔世。

三十五週的門診，我雖臃腫如粽但仍可步行自如，身體除了頻尿、水腫外，沒有出血、宮縮等不適，自信或許可以到了三十六週或三十七週再剖腹！但醫生用超音波一測雙寶的體重，一為二千四百九十克，一為一千七百八十克，當下面色凝重，說懷疑出現「雙胞胎輸血症候群」（Twin to Twin Transfusion Syndrome, TTTS）了。

因為胎兒體重差異超過百分之二十，此時可能體重較重的胎兒獲得過多的血量，反而容易造成心臟衰竭，死亡率高。而雙寶共用一個胎盤，只要任何一方死亡，其血液也會經由胎盤傳輸給另一方，另一個胎兒的死亡率也隨之升高，假使有任一胎兒存活下來，仍需面對腦部損傷的危機。

所幸懷孕週數已三十五週又五天，我就診的這間區域教學醫院有保溫箱及小兒科醫護，照顧這個週數出生的小孩已不成問題，反而繼續留在肚裡更危險。醫生問我：

「妳要不要明天趕快生一生？」

我和老公都很震驚，因為心理並沒有準備這麼快上戰場。但眼前形勢當然是越快取出胎兒越好，於是醫生火速幫我安排住院，臨時也沒有自費單人病房，只好住三人一間的健保房，而且要打兩針類固醇，以防早產的寶寶肺泡不成熟。

我立刻傳簡訊給同事請她幫我遞產假假單，匆匆給我爸掛個電話，就去洗澡洗頭，想說接下來好幾天可能都洗不到，老公則回家去拿我的待產包來。健保房裡駢肩雜沓，兩邊都是產婦及陪伴家屬，我夾在中間很狹窄的一床，衛浴共用，環境不太好，只能忍耐，想到明天就要跟雙寶見面了，心中又不免期待。

晚上護士幫我剃陰毛、打針、量血壓，兩旁的產婦也不時有護士或家屬來照料，說話聲、手機聲、鬧鐘聲此起彼落，整晚我只睡了一小時。但也許是作母親與生俱來的勇氣吧！我想，還是要保持心情愉快、盡量樂觀地往前看，才能度過這個關卡。

上午十點左右，我被推進開刀房，麻醉科、婦產科、小兒科醫師加上護理人員、實習醫師（也許我生的是雙胞胎，來觀摩的人比較多），整個開刀房大概有十多個人，麻醉科醫師要我把身體弓成蝦子狀，解釋說會打兩針，疼痛的程度是怎麼樣，我那時已毫不在乎，懷雙寶以來我不知挨過多少針了。

麻醉的過程很順利，我的下半身失去知覺，像一團死豬肉任人宰割，上半身意識卻很清醒，還可以跟醫師對答，在刺眼的手術白光下清晰看到時鐘，然後婦產科醫師上陣，我隱約感覺下身被一陣推壓，然後就聽到嬌嫩清甜的女嬰啼聲了！真是婉轉悅耳，宛如天籟，我鬆了一口氣，至少確定小孩的肺部沒問題、可以自主呼吸，但不知第二個是否也能順利出生？還好隔了一下，又聽到第二聲清脆悅耳的啼哭聲，兩個人的聲音很像，我的眼淚不能抑止地湧出，辛苦了那麼久，總算平安生出來了！

然後小兒科醫護接手處理姊妹倆，我在產檯迫不及待地想見到小孩，聽到醫護人員秤重時的評論：「妹妹活動力很好！手還會抓住繩子！」「姊姊下巴有一顆痣！」……然後護士跟我說妹妹只有一千八百克，體重不足兩千，要先放到保溫箱，姊姊有二千一百克，可以和我在產檯肌膚接觸，於是抱來指給我看她下巴的痣，護士非常誇讚姊姊，直說：「好漂亮！」我滿懷期待地仔細端詳姊姊，只覺姊姊生下來就很漂亮，眉清目秀、白皙瑩澤，細髮溼潤地覆在飽滿的額頭上，有別於一般新生兒的紅皺如猴。我要求護士抱著讓我親一下她的臉蛋，姊姊臉上還殘留著羊水、胎脂，吻起來有著果凍般的溼滑，神奇的是，姊姊竟也做出嘟嘴回親的動作，連護士也很驚奇。

護士把姊姊放在我的胸口，溫熱溼潤而踏實的重量，讓我像沃土承接住成熟的落果般歡欣不已。

然後姊姊就被抱走去嬰兒室了，我也被推回病房休息。初生的喜悅如香檳開瓶，洶湧綿密、滋味迷人，令我每個細胞都歡愉不已。女人肉體上承受的痛苦是男人難以想像的，然而初生的醉人滋味也是男人品嘗不到的，我在這一刻總算平衡舒坦了起來。

六——疼痛的煉獄

現代醫學監控下的孕婦，懷孕過程除了頻尿、水腫、抽筋、起紅疹等生理不適外，因為要監測有無德國痲疹抗體、梅毒、愛滋病毒、海洋性貧血、乙型鏈球菌以及妊娠糖尿病，還需飽嘗打針、抽血、驗尿、抹片的滋味，生產時許多孕婦長久陣痛後仍無法順利分娩，還必須再挨一刀。

孕婦身體所承受的，超乎沒有生產經驗的人所能想像。

印象最深的是妊娠糖尿病篩檢，我第一次妊娠糖尿病篩檢沒過（標準值是一四〇，我是一四八），要做第二次檢查才能確診。於是趁年假人少時趕快去做第二次篩檢，要空腹八小時，然後一早去醫院先抽血，再喝一百克的葡萄糖水，每隔一小時、二小時、三小時後各抽一次血，一個早上就被打了四針，而且無所事事只能等待。

那天中午剛好跟老公的兩位男性單身朋友約吃飯，兩位都是三十五歲左右身強體健的大漢，一位是自行車好手，一位是重型機車愛好者，飯桌相對彷彿是兩個世界的人，一邊是健壯、自在、充滿活力；一邊是餓到快虛脫、笨重、只想吃完沉沉睡去。我看著他們好生羨慕，他們也絕對不能理解我剛承受了什麼樣的痛楚。「世界上有一半的人，不知道另一半的人怎麼生活。」這是二十世紀初一位英國精神病患自傳的辛酸開頭——我想，也很適於作為孕婦自傳的開頭。

當然，最大的痛楚是剖腹產後的疼痛。我的醫師是中年男性，非常親切、幽默、專業，然而對於疼痛的處理像隔著霧玻璃觀海，完全不能理解在疼痛深海裡的產婦需要什麼，而拋下適當的救生圈裝備。現代醫學的止痛方式很多，自然產可以打無痛分娩，剖腹產可以裝自控式止痛劑或是打健保有給付的肌肉止痛針，哪一種比較有效止痛，他也說不上來，只說每個人的忍受度不同，無法給任何建議。

之前我請教過剖腹產三次的朋友，她推薦要自費五千元的自控式止痛，缺乏經驗的我也只好胡亂選擇這種止痛方式，結果當手術的麻藥退去，前所未有的刀傷疼痛從下腹深處燒灼上來，自控式止痛劑完全無法澆熄痛楚，我痛得全身浸在汗水裡，而且六小時內無法翻身抬頭，就怕留下麻醉的後遺症。

只能一分鐘一分鐘地數算，還剩多久，頭可以抬起來，稍微喝一點水，疼痛的火刑可以稍減。連護理站送來新生兒姊姊時，我都痛得無力多看她一眼，更別說擠出初乳餵她。後來，看看隔床的產婦打的是肌肉止痛針，效果似乎不錯，便請醫生給我打肌肉止痛針，才把我拖出疼痛的地獄，卻早已元氣大傷，氣力用盡，只想沉沉睡去。

雖然沒有經歷自然產強如海嘯的劇痛，剖腹產術後的劇痛卻更深而久遠，後來在月子中心養息了整整一個月，我才慢慢恢復為能走能直立的狀態。老公看了直說還好生小孩的是我，不是他，不然單單挨擠在嘈雜混亂的健保病房，他就受不了了，更不用說挨這麼多針、這麼多刀。

男人旁觀女人生子，大概都有這樣一種僥倖和感謝的心情吧？又或者，他們不是承受者，但陪伴過程中看到痛苦呻吟嚎叫等場面，心理壓力更大。懷孕後期有次進產房測胎心音，剛好聽到隔壁產房自然產的產婦吼出野獸被撕裂般的哀嚎聲，她年輕的先生在一旁似乎快昏倒了，居然抄起手機打給飲料店結結巴巴地訂購珍珠奶茶。我忍不住想笑，並不是苛責他，買珍珠奶茶當然也是一種正向的紓壓管道，只是，男人在生產時尚有打電話叫飲料的餘裕，產婦本人卻是生死存亡的關頭了！

男女先天的差異，莫過於此吧？

上帝給女人體驗極致疼痛的入場券，有人豔羨、有人畏懼，無論如何，許多女人使用了、體驗了，領悟了生命的得來不易，從此再沒有更大的疼痛能擊倒她。就身體而言，女人見識到更多身體的不可思議，短期間內身體要經歷這麼多變化、承受各種不同層次的癢與痛，使得女人在面對生命時，多半更為慎重、保守、珍惜。

而制定政策或發動戰爭的多半是男人，如果男女能短暫交換身體，政策應該會體恤生命更多、也不容易發生戰爭了吧？

七——哺

從未想過人之初時最重要的事物是奶，甚至是整個育嬰生活的重心。每個母親懷孕時就應深入研究如何哺乳，其重要性甚於選購嬰兒車、床、服、汽座等一切嬰兒用品。

我是喝牛奶長大的一代，母親那個世代配方奶盛行，奶粉商透過各種行銷手法洗腦，讓母親那一代的產婦們紛紛放棄哺餵母乳，改餵配方奶，所以母親生前不曾跟我分享過哺餵母奶的身體經驗。那個世代的人到現在，還有許多人對配方奶深信不疑，我父親就是配方奶派，他一直認為餵母奶太折磨女人了，我跟我妹一滴母奶也沒吃過，還不是長得好好的？甚至主張小孩一出生就打退奶針，用奶瓶泡奶，定時定量最省事。

有個醫生朋友，他母親也是配方奶派，還跟堅持餵母奶的媳婦說：「我兩個兒子一滴母奶也沒吃過，還不是一個當醫生、一個當建築師？」

不過，時移世易，而今國民健康局大力提倡的是哺餵母奶，而非配方奶。於是和我同世代的產婦們，許多都餵母奶餵得一把鼻涕一把眼淚，還是在這母奶政治正確的氛圍下堅持下去。

我自己翻閱許多衛教書籍，綜合各方說法，變成一個調和派。理論上，當然母奶是新生兒最珍貴的禮物，免疫抗體及營養成分是配方奶無法比得上的；但是，在取得母奶的過程，如果太過損害育兒生活品質，倒也沒必要非得堅持餵母奶，奶量不足也可補一點配方奶。畢竟健康是身體、心理、社會的完全安寧幸福狀態，只為了追求某一層面而忽略另一層面，都是不健康的。

然而實際上了戰場，才發現身體根本不管妳是哪一派，產後第三天只覺乳房悶脹，母乳已在我體內澎湃上升，但我對如何擠出初乳仍不得要領，雖然產前衛教師有拿模型略教擠奶技巧，但在長久的文明浸染下，我們對自己的身體其實很陌生，當衛教師擠壓乳頭模型，並說這樣乳汁就會滴出來的時候，我竟覺得有些害怕和噁心，而沒有把技巧記起來。而我的孩子是早產兒，吸吮力很差，連奶都不會喝，體重又輕、嘴又小，連乳頭都含不住，雙胞胎妹妹還住在保溫箱。

據說如果母奶不趕快擠出，等到乳腺發炎時，會比生產還要更疼痛難禁。我因此很著急，卻又沒有姊姊可以問，母系長輩們都是餵配方奶的那一派。至於我婆婆和二姑雖然餵母奶，但她們的小孩都是單胞胎足月產，生出來都很成熟自己會吃奶，整個過程毫無障礙，自然也難以指點迷津。

於是我打電話給剛生完又哺乳一年多的要好女同事，她問候我的情況，知道一切都還好只有哺乳問題大的時候，給了一句很妙的評論：「奶的問題是大問題。」讓我不禁莞爾，真是剛當過母親的人才了解，對新生兒來說，奶事最大。

她很親切地指點，在還未抓到擠奶訣竅的時候，先不要吃太油膩、也不要喝太多水，以免堵塞乳腺造成發炎，然後趕快跟護士討教。

所以我拋棄所有羞恥心跟許多護士請教，每個人的說法不一，有的還滿熱心願幫忙擠乳，但其中令我比較害怕的是一個年輕護士，手很冰冷、手勁很重，她給我一支針筒，叫我一邊看電視一邊就可以擠出一支針筒的初乳了。這說法真是給我很大的挫折感，我都不知要怎麼弄，怎麼可能還有心情看電視？

後來是屢屢跟小兒科的護理長討教，她是一位溫暖的中年女性，手很溫暖、很細心溫柔，每次我做對一些就大力鼓勵，還建議我也可以讓沒住保溫箱的雙胞胎姊姊試試看，說不定她會吸。

於是只有兩公斤的姊姊被抱來放在我胸前，嘴巴小得跟魚嘴巴一般，乳頭對她來說是像珊瑚礁岩那樣的龐然大物，讓人不知該如何讓魚嘴巴順利含住。護理長教我先碰碰她的臉、擠出一點乳汁來誘惑她，姊姊於是展現尋乳本能，露出很想吃奶的表情，護理長把她慢慢調整到可以勉強含住乳頭的位置，並讓她盡量張開嘴巴，姊姊竟

「咻咻咻」地開始喝奶了！當下真是無比感動，看到早產兒的她，瞇著眼睛使出全身力氣在吸奶（吸乳房跟吸奶瓶比起來，要使出更多力氣，難怪有句俗語說是「使出吃奶的力氣」，那真是非常費力的），渾圓小巧的頭，上面覆滿柔細的褐髮，小臉蛋一張一弛，用力到滿臉漲紅出汗，真是太可愛了！乳房感覺源源不絕有液體流過，之前情緒與乳汁的淤塞終於暢通了，讓我身心頓時無比舒暢。

然而，早產兒的吸吮力有限，不是每次親餵都能成功，加上另一邊的乳頭較大她含不住，還是得另找渲洩管道。護理長就教我用醫院的電動擠奶器，擠在奶瓶裡還可以分給住保溫箱的妹妹喝，早產兒其實最需要母乳。電動擠奶器真是好用，可以毫不費力地就擠出一瓶瓶乳汁。逐漸地，我也變成可以邊看電視邊擠奶的媽媽。

八——血淚求生

產後住院的五天其實像在地獄一般，除了剖腹產的痛以及子宮收縮的痛之外，還要在惡劣的醫療體制中血淚求生。

因為是緊急剖腹產，排不到自費單人病房，於是住三人一間的健保房，而且是夾在中間那一床。一開始我自我安慰，以為有隔床的產婦可以彼此經驗分享也不錯，沒想到健保房名義上是三人房，事實上若納入陪伴家屬及送來母嬰同室的小孩，平均是九到十人在使用小小的房間及衛浴。剛生產完的媽媽經常哺乳不順，許多小孩喝不到奶，餓得哇哇大哭，於是連續三個晚上我都沒辦法睡好覺，無法睡覺就更無法泌乳。

鄰床自然產的產婦較早出院，我詢問護理站是否能將我挪到角落的病床，卻被很冷硬地拒絕，說每一床的病人都有編號，我這樣會造成她們的行政困擾。疼痛、睡不好又無法泌乳，眼看連自己和小孩生存下去都有問題了，老公只好一直去拜託醫生，幸好醫生也能體諒權變，讓我先挪出健保房到多間產房的其中一間過一夜，等有單人病房後，再搬到單人病房。

我對苦纏醫生要求更多資源這事覺得很羞恥，原本我們想循規蹈矩，連選擇生產醫院，我們也是遵守醫院分級制而先到診所就醫、再由診所轉診到這間離家近的區域教學醫院來。但沒想到竟將被醫療體制巨大的顢頇輾壓過去，只好趕緊去拜託。

經此一事，深深體會微小個人面對龐大體制的無力與無奈，然而，為什麼醫療體制會這麼不體恤浸潤在血泊中尚未恢復元氣的產婦、一定要在多人使用的健保房強推「母嬰同室」？

後來經過不斷地閱讀和探究，才發現臺灣政府固守世衛組織與聯合國兒童基金會聯手在一九九〇年發布的「成功哺乳的十個步驟」，對各醫院進行「母嬰親善評鑑」。這份聲明其實是原則性的，並未實際規定各國應如何執行，但在臺灣卻未考量實際的設備、人力是否足夠，而訂成了母嬰親善評鑑，各醫院為通過評鑑，只好不顧慮產婦感受強制執行。

我以最有問題的一個指標——「母嬰同室」——為例。旅美執業的游正中醫師在〈漫談母奶育嬰及母嬰親善〉一文曾指出，母嬰同室是必要的，但礙於健保給付及單人或雙人病房的普遍不足，實際上很難實施。常常產婦需要與數人同一個房間，這不僅會影響母奶育嬰的成功，也常常會讓媽媽們為了兼顧隱私又哺育母奶、而疲於奔波於病房與嬰兒室之間，間接拖長住院時間，也導致增加病房不足的問題。讓母親疲於病房與育嬰室之間來回奔波，這絕對不算母嬰親善。

游醫師主張，「單人父母嬰兒同室照顧」即所謂「家庭照顧中心」（Family Care Center）才是真正可以提升媽媽哺育母奶的成功率。建立「家庭照顧中心」的觀念、病房設備的改變及健保給付的配合才可能真正做到「母嬰親善」。

看到他的論點後，比較能釋懷自己不是「嬌滴滴」，無法忍受多人共處一室，而是要對哺乳有益，真是要給產婦充分的隱私及休息。

然而，我也不苛責醫護人員。健保制度其實非常虧待婦產科及兒科，給付的金額相較於國外真是非常低，生產只給付約三萬多元，產檢照超音波健保才給付三百五十元。另外，這兩科需要隨時待命，待命時間健保卻不會給付任何一分錢。這兩科又較易出人命意外，動輒有醫療糾紛纏訟多時，導致這兩科的醫師人力嚴重萎縮，全臺三百六十八個鄉鎮市區中已有六成找不到婦產科醫師接生了！

懷孕期間每次產檢，都深感在臺灣當婦產科醫師之不易。許多國家產檢都是要先行預約，而且要先跟衛教師或實習醫師約診，最後才見到醫師本人，於是每次產檢都很詳細確實。但臺灣醫院卻保留了一半現場掛號的名額，使得每次門診都大排長龍，非常不尊重醫師也不尊重先預約的病人。

另外先進國家的醫院分級制也比較落實，較無懷孕風險的一般孕婦不會去大醫院看「高危險妊娠」的門診，以免擠壓到真正「高危險妊娠」產婦的醫療資源。

於是每次都挺肚漫長等待，醫師一個門診看五、六個小時都是稀鬆平常的事。有次還看到醫生從診間狂奔出去，原以為他是尿急要上廁所，後來衛教師說他是要去接生啦！一個多小時候，才看到醫師滿臉倦容地回來診間，繼續看診到晚上。當下覺得婦產科醫生在臺灣真是一種工時長、高風險、所得和付出又不成正比的辛苦行業。

一年後，聽到我的主治醫生因為醫療糾紛而被媒體描述成草菅人命的惡醫，當然我不清楚事情的真相是什麼，但依就診印象來說，我的醫生經驗豐富、手術能力好、幽默風趣，只是比較「沒頭神」，很多瑣事記不住，粗枝大葉一點。但經此一風波，他也就黯然離開這間區域教學醫院，轉到比較小型的婦產科專門診所去了。一位婦產科醫師的養成何其不易，而媒體為了收視率，偏頗報導摧毀一位醫生的聲譽，又何其迅速！

不善待婦產科的社會環境及健保制度，如何能留住良好的婦產科醫師？沒有良好的婦產科醫師，又如何有順利生產、愉快哺乳的產婦？懷孕生產走過這亂糟糟宛如地獄的婦產科之旅後，深深感到再不改革，臺灣少子化到亡國滅種也是有可能的。

住院五天內搬了三個地方，在兵荒馬亂中，我只有含淚不停激勵自己：我一定要學會哺乳方法、把身體養好，快速出院！才是眼下唯一能走的道路。

九——小戰士

因為剛生產完實在太混亂了，直到生產完第三天，我才能拖著好像裂成上下兩截的身體勉強步行到「病兒室」，換上隔離衣並洗手、第一次見到保溫箱中的雙胞胎妹妹。

第一印象是她好瘦小，跟一般人概念中圓滾滾的嬰兒形象差距甚遠。因為早產一個月，妹妹的各種器官雖然都齊備，但四肢肌肉都還發育不足，瘦骨嶙峋。保溫箱很熱，妹妹身體赤裸僅著尿布，胸口被貼了三條監測心跳血壓的電線，殘存的臍帶被夾住，以紗布緊緊纏繞，身體尚存微細的青灰色胎毛。護士怕她會冷還給她圍了肚圍，只是身軀太小，即使是最小號的肚圍也可以圍住她整個軀幹。

老公詢問護士能否把她取出來讓我們抱一抱？護士同意了，於是我們第一次抱到妹妹。好小好小像剛出生的小貓，抱在懷裡讓人立刻滿心愛憐。實在太小了！我們抱著抱著，心情都不禁沉重下來。老公憂心地說：「妹妹這麼小，不知能否平安把她養大？」我也深有同感。整個「病兒室」其他保溫箱都空蕩蕩，只有妹妹這早產的小嬰兒被嚴密地監控心跳血壓，後來每次去探視都覺得好淒涼。

雙胞胎的早產機率約百分之五十，三胞胎跳升到百分之九十，四胞胎則對母體、胎兒都可能有生命危險，有些早產兒甚至二十六週就出來了，真的只有巴掌大。根據臺灣早產兒基金會十年追蹤報告顯示，早產兒罹患比例較高的五大疾病是：呼吸窘迫症候群（占百分之八十點七）、肺支氣管發育不良及其他慢性肺病（占百分之五十一點四）、視網膜病變（占百分之四十九）、腦室出血（占百分之三十八點八）、壞死性腸炎（占百分之八點八），必須有非常專業的醫療照料才能存活下來。一般單胞胎足月產父母是開心迎接嗷嗷待哺的新生命，早產兒父母則是憂心忡忡，希望小孩能沒有後遺症、趕快會自己喝奶就好。回去學校教書後，我總對小孩是早產兒的家長特別感同身受。

所幸妹妹除了體重輕一點，並無其他嚴重的早產後遺症，每天也常活力充沛揮舞手腳。一開始吃配方奶，後來我的母奶擠出後，也分一半給她每天吃，體重日益增加，住了十四天，妹妹已達兩千多克可以離開保溫箱了。比起許多更早週數出生的早產兒，算是非常幸運。

住院後兩天我就盡量在開放探視的時間去看她，否則移到月子中心後，就無法親自去看，只能由老公每天去拍下她的畫面給我。每次探視她，我們都會伸手摸摸她，希望經由觸覺灌注我們的愛，讓她能快快茁壯成長。大部分的時候她都在睡覺，睡姿變化多端，有時把手放在下巴十分嫵媚、有時瀟灑地「曲肱而枕之」、有時被肚圍團團包住整身表情安詳，即使是小巧的生命，也很有她的姿態和韌性。早產兒其實一個個都是生命的小戰士。

雖然她和姊姊是同卵雙胞胎有相同的五官，但神態卻各不相同。姊姊憨態可掬，妹妹則鬼靈精怪。對我們作父母的人而言，還是能區辨出來，並沒有懷孕時所設想的會傻傻分不清。只能說造物者實在神奇，即使是同一顆受精卵分裂出來的兩個人，也被賦予不同的靈魂與性格，使她們的眉眼展現出截然不同的氣質。

往好的角度想，妹妹住保溫箱期間我們得以先學習照顧姊姊、適應小孩給生活帶來的重量，十四天後再接她出來的時候心中已不那麼忐忑，避免一下帶兩個手忙腳亂，也是很不錯的一件事。

總之，對於妹妹住保溫箱而被護士們細心照護，小戰士得以順利成長，我心中只滿溢著無盡的感謝。

十一　坐月子

因為不想勞煩雙方長輩，我們便在產前先訂好醫院附設的月子中心，以免新手父母帶雙胞胎會手忙腳亂毫無頭緒。儘管費用不低，但生雙胞胎可領兩份生育補助，尚可負擔月子中心費用。所以純以經濟觀點看，生雙胞胎只要坐一次月子、生兩個，倒也還滿划算的。

月子中心設備齊全，有舒適的雙人床、流理檯、寬敞衛浴和貴妃椅，還可透過視訊隨時看到嬰兒室裡的小孩。經過五天兵荒馬亂又痛不欲生的住院生活，月子中心像一襲華麗的暖被，把元氣大傷的我穩穩包覆住，在裡面整整蘊居了一個月，我才有力氣蛻變成全新的母親，穩穩降落到日常生活裡繼續育兒。我心中真是充滿感謝，還好經濟上尚可負擔，又錯開「龍年」生子才能訂到房間。

後來發現，每個人坐月子期間所信奉的觀點都是不一樣的。婆婆和二姑都遵循傳統的調養法，每日雞酒、藥膳、燉補不斷，忌吃生冷、忌洗頭、忌用眼、忌外出；爸爸或許大學讀的是教會學校外文系，受西方文化浸染，百無禁忌，每日來月子中心進貢西瓜、生冷蔬果，認為多吃水果、多喝水才有益健康，並建議我多出去散步透氣。

我在這樣西化的家庭裡長大，其實不太相信傳統坐月子的種種調養方式，住月子中心只是希望雙胞胎有人專業帶養，才不會手忙腳亂。我較採信西方的營養學觀點，認為只要均衡攝取營養、多喝水、多休息，產婦身體自然會恢復，母奶供應也自然會源源不絕。洗頭更是頻繁地三、四天就洗一次，照樣用電腦、看書用眼。

所以剛進月子中心，接觸到這一整套華人的月子文化，覺得處處新奇。飲食上不用說，每餐三菜一湯還外加補品、甜湯、養身茶及泌乳茶，湯湯水水、雞鴨魚肉，吃到後來便羨慕起老公從外面買來原本要給自己吃的便當，常常跟他換菜吃。

另外連水龍頭流出來的水都是熱的，一開始也很不適應；還附贈一次薑汁洗頭的服務，熱辣辣充滿香氣的薑汁淋在頭髮上，從頭皮暖熱到心裡，把種種剖腹產後的虛寒都趕跑了，真是奇妙的體驗。月子中心的確是把產婦供養得嬌滴滴的，像皇后一樣，只管吃、睡及哺乳就好，其餘雜事都有人打理。所以後來嫁到日本的妹妹就不勝豔羨，直說她生小孩也要回臺灣來住月子中心。

此外，月子中心還像是五星級育兒夏令營，能學到很多乳房護理、照料小嬰兒的技巧。剛出院時我連小孩都沒有自信抱，總覺剛出生的嬰兒軟趴趴像豆腐，很怕不小心就捏碎了！還好月子中心的護士們不棄嫌，總是親切耐心地教我怎麼換尿布、拍嗝、餵奶；最感謝她們的是，深夜脹奶時，值班護士總是能隨時出手相救。

剛開始餵母奶的媽媽們，常對自己像活火山不定時噴發的母乳一籌莫展，如果擠不乾淨或小孩吸不乾淨，黏稠的初乳便會像岩漿積聚、在身體的地表下發燙翻滾，最後形成硬塊，心情便也會焦灼到快滅頂。還好總有護士們來房間幫我按摩、熱敷、教我怎麼揉去腫塊，值班護士許多都是尚未生育過子女的單身小姐，她們的按摩手技卻十分純熟老到，想來常在深夜裡幫無助的「乳牛」們按摩。坐月子一個月後，我不禁對這個行業的護士們肅然起敬，這真是十分辛苦而「俠義」的工作。

月子期間最重要的事情也是奶，母乳是以供需原則來產生的，所以一天最好要擠六次奶，扣除吃飯、洗澡、睡覺的時間外，每三小時一次，這樣奶量才能上衝到可以滿足小孩。雖然在月子中心裡像貴妃一樣，餐有人送、打掃工作有人做、小孩有人帶，但如動物般不斷吃、睡和擠奶的生活，久了也很鬱悶，和產前以閱讀寫作為重心的生活相差很多。後來我總在擠奶時一邊閱讀雜誌等較能攤平且沒有油墨的讀物，讓深陷奶事泥淖的靈魂「放風」一下，才稍稍平衡過來。

雙胞胎妹妹移出保溫箱送來月子中心後，生活變得更忙碌。有時想體會親餵的親密感，所以兩個小孩輪流親餵和瓶餵，早產兒吸乳狀況不佳又要佐以瓶餵，一整天下來常手忙腳亂。比如其中一天的哺乳日誌是這樣（這還是有老公幫忙，以及護士照料另一個小孩的情況）：

0：00—0：30 擠奶
4：11—5：00 擠奶
8：30—9：00 擠奶
11：00—13：00 親餵妹妹十分鐘，和護士接力瓶餵一個半小時
擠奶
爸爸瓶餵姊姊一小時
13：55—14：05 親餵姊姊
15：20—15：45 親餵姊姊
15：45—16：05 親餵妹妹
15：45—16：00 爸爸瓶餵妹妹
16：05—16：30 瓶餵妹妹
16：30—17：00 擠奶
19：00 爸爸瓶餵妹妹
19：30 親餵姊姊
20：00 擠奶
23：30 擠奶

現在看來真是眼花撩亂，連我自己也理不清其中原則與邏輯為何，只能說吸吮力不佳的早產雙胞胎及母愛氾濫的新手媽媽，真會把周圍的照顧者累慘。

在這麼密集的哺乳中，還陸陸續續有訪客來探視，從來沒有一刻覺得自己人緣那麼好過，許多意想不到的親友也跑來探訪。除了關心我們外，或許也因為生雙胞胎比較稀奇、大家抱著類似參觀貓熊「圓仔」的心情想一探究竟。雖然也覺人情溫暖，但新手媽媽卻對訪客特別敏感，害怕訪客帶了病菌來感染小孩，所以除了至親，總把小孩藏在嬰兒室只透過視訊給訪客看。也才慢慢了解，如果不是很親暱，最好不要去探訪坐月子的女人，因為這時是女人一生中最不想見到外人的時期，蓬頭亂髮身著哺乳睡衣，忍著脹奶之苦，以及荷爾蒙劇變導致精神上的種種不安，分外敏感和神經質。但是我畢竟工作了快十年還算社會化，也就撐起來勉強應酬過去，更趕快處理了彌月蛋糕的分贈事宜，因為知道離開月子中心，光是育兒就可能忙得不可開交、完全無力處理此事了。

雙胞胎小姊妹因為早產，常常吃奶吸著吸著就睡了，拍嗝也要拍很久。尤其妹妹，有時竟要餵上一個小時才吃完，比足月兒難照顧許多，月子中心的護士們不但耐心餵她們，還給她們每隔幾小時就轉頭一次，把頭形調得很渾圓優美，讓我真是對這群妙齡護士充滿敬佩與感恩之情。

轉眼之間，小姊妹也就平安地長到滿月了，體重增加到三千七百、三千三百多公克，本來乾瘦如老人的四肢逐漸圓潤，小臉蛋也變得「膨皮」起來，加上新生兒的眼睛總是水汪汪的，分外可愛。月子中心為她們辦了「慶滿月」活動，公婆及娘家親戚都來慶祝，初生的第一個月總算走得還平穩。只是我和老公還不太習慣一下就降生兩個小孩所帶來的人生負荷，因此在月子中心「慶滿月」的大旗下，抱著小孩露出忐忑不安的微笑。

俯視 I　產後憂鬱

妳其實沮喪，像被憂鬱海潮襲捲到岸上的擱淺鯨豚，妳奄奄一息、動彈不得。

妳擔心很多事，小孩的命名以及托育人力問題，是妳心頭最大的隱憂；妳和他因成長環境不同，有很大的價值衝突，體現在各種紛沓而至的現實事物上，比如：買不買汽車安全座椅、嬰兒床、嬰兒寢具、電動熱水瓶、濾水器？滿月慶當天要不要買大量食物招待辛苦的護士？妳受不了他總說「再看看」、「碰到了再決定」，妳也受不了他在物質上的慳吝刻苦，總是攔阻妳給小孩買東西。好吧，妳承認妳是過度愛買東西了，但不事先買好，帶著小孩哪有時間細細挑選東西？

妳尤其擔心托育問題。他率先自告奮勇要請假帶小孩，在仍舊父權的臺灣社會實屬少見，妳感謝他，但妳仍不放心。妳深知任何照顧工作一定需要喘息時間，尤其帶早產雙胞胎嬰兒，即使連專業保母也不一定忙得過來。而他工作所適用的勞保制度規定，勞保身分者的配偶必須工作，請育嬰假的這一方才能領育嬰津貼，因此妳不能同時請育嬰假來幫忙，這套制度設計完全是以單胞胎為出發點的。

妳早想先訂好托嬰中心、或僱好保母，但他總固執他的專業是兒童心理，請育嬰假一人帶兩個小孩絕對沒問題。懷孕時一遇親友質疑他就生氣，認為別人在否定他的專業。

這是他個性中的特點，的確他是靠個人的才智與努力，才能在閉塞清苦的環境中，一路靠獎學金及打工讀到臺大碩士。但也因為這樣，他過度相信自己的才智與努力，可以完成任何事，而總不主動去設想可能也有做不到、需要求援的時候。

而妳習慣凡事比別人更提早預作準備，就像開車時及早切入想行駛的車道一樣，到時就不用跟別車爭先恐後。妳欠缺隨機應變的能力，臨時插入妳既定計畫的人或事總令妳惱怒。

因此你們無法溝通，懷孕期間一提到想找人幫忙帶孩子他就生氣，成長環境太艱困的人，很容易覺得別人對他有敵意。妳為了避免吵架只好逃避不提，心想也許碰到了，他就會醒悟了吧！

但妳其實滿腔怒火。一直要到小孩出生半年後，妳才逐漸領悟到，夫妻之間，停下來等待對方成長，也是一種前進。此時妳沒有這種智慧，妳只是憂憤交加，像預言總不被聽信的卡珊德拉（Cassandra）。這種慍怒的情緒也嚴重毀壞妳們的關係。生小孩前，妳和他默契甚好，整日談心，出門前都要擁抱一下。小孩出生後，妳才發現原來妳們對教養小孩的想法，是這麼扞格不入，仿如來自不同星球的人。夫妻感情降到冰點，身體的碰觸也自然減少，有時回想生小孩前的關係，真是感慨萬千。

妳半夜起來擠奶，總是睡眠不足。但妳深知最讓妳輾轉難眠的，除了不確定的未來生活，還有一種深沉的懊悔——原來當母親是這麼沉重的事，之前雖然概念上知道，但並不是真的體悟。要實際經歷了，才能體會那種沉重之感，總是無時無刻牽掛小孩，即使有人幫妳照顧得好好的，妳也不再能像以前那般自在走逛；在外面看到任何事物，都會聯想到小孩，想著是否可以買給小孩、或跟小孩分享。妳再也不能隨心所欲、說離開就離開，為自己的夢想放手一搏。妳總是不由自主地想為小孩付出更多、多到妳自己都不能承受為止。

妳又不以為這是偉大的情操，妳自覺只是被繁衍本能拘執住了，妳不歌詠母愛，也不以此稱美自己，因此妳總在憂鬱泥淖中匍伏。

作母親的沉重感是連死也無法解脫的，妳了解自己牽掛女兒也絕不可能去死。妳只能在「生」的世界中，含著血淚努力成為一個好母親，這是此生唯一的道路，因為如果成為被女兒怨懟的母親，妳將連死也無法解脫這種罪疚。成為好母親，是妳眼下唯一的路，再也沒有其他出口。

妳終於了解，母親，妳的名字是囚禁。

十一——奧狄塞攜子返家

月子中心住滿一個月，終於像奧狄塞結束海外漂流般地回家。其實住到最後一週，已經有些煩躁，因為一直是靠護理師幫忙照顧小孩，對自己能否獨自照顧小孩非常懷疑，依賴並不比獨立更讓人愉悅。但又害怕，回家後毫無替手只有夫妻兩個沒經驗的新手爸媽，還要餵母奶，能否真正照顧好小孩？

也曾設想過出月子中心那天，請長輩來幫忙一下，但彼此的教養觀念南轅北轍，又加上老人們的固執熱心，只會越形混亂，心理壓力更大。所以還是咬緊牙根，決定一切靠自己。

老公開車來接我們，全家就這麼第一次坐車，感覺非常奇異。老公一路上開得非常小心，從來沒有一次那麼怕路上飛來什麼橫禍，還好月子中心離家車程只要五分鐘，我們在朗朗日光下平安返家。

我已三十七天沒回家，一回到家，就被凌亂的景象驚呆了！如山一般的育嬰用品隨意堆積在地，像完全沒整理的倉庫一樣。因為月子期間不斷緊急置辦了各種育嬰用品，老公不知我打算如何收納運用，下班後又總直奔月子中心探視，在家的時間很少，只好先堆著，於是就呈現這麼一副百廢待舉的廢墟模樣。

懷孕期間常幻想兩個小孩入住，躺在為她們準備的小房間，會是什麼樣溫馨的情景，對於這個家一下多出兩個人感到非常好奇和興奮。然而當這一天實際到來，卻是疲憊又緊張，完全感受不到溫馨愉快。

出月子中心的第一週是前所未有的艱苦。新手父母總覺得小孩很脆弱，對於該如何安頓大人與小孩的睡眠也沒有經驗。育兒百科上總說，新生兒應睡嬰兒床，嬰兒床宜放在父母床邊。但我們的主臥室安置不下兩張嬰兒床，也不慣跟小孩同睡。將她們獨立放一間，又時常惦記，稍有風吹草動就緊張得忙去探視，還是睡不好。

新生兒晝夜顛倒，夜裡常常哭醒，我們總是好不容易哄睡完一個，另一個又驚醒過來了，老公有一晚哄著哄著，覺得天空怎麼逐漸發白？才發現已經清晨，原來他一夜未曾睡著。

新生兒一天要喝六頓奶，兩個小孩就是十二頓奶；每天換六到八次尿布，兩個小孩就至少要換十二次尿布；一天洗一次澡，兩個小孩就要洗兩次。新生兒又常哭鬧要人哄抱，我還要在餵奶的間隔時間擠母奶，忙到連照顧自己的吃喝拉撒都沒時間，三餐都買外食，家事完全沒法做。因為連吃東西都沒空，而帶養小孩及餵母奶又很容易餓，只好買了大量的香蕉、米漿、雞精等能抓了就吃、快速補充熱量蛋白質的食物。

我們從來沒有經歷過這樣重度勞動的生活，簡直像在地獄。還好過了一週，接到高雄第二社區保母系統打來的電話，說幫我尋覓到一個合適的到府保母了。坐月子期間我曾偷偷打給高雄市社會局建置的社區保母系統打聽到府保母的訊息，沒想到一週後就有了回音。我們彷彿在黑暗中見到了曙光，老公這時也不那麼堅持要自己帶小孩了，於是我們趕快約談了保母，請她隔天就來上班。一週上六天，每天上午四小時來家，已經能讓我們喘很大一口氣。

保母是四十多歲的中年婦人，有個女兒已上大學，人很親切但不太有經驗，目前擔任國小課後照顧的老師，唯一照顧過的新生兒就是她女兒。後來我們發現，有口碑的保母常未加入社區保母系統，而且是世襲制，被地區傳統的人際網絡輪流轉介僱用，外來的年輕夫婦很難搶得到。而社區保母系統介紹的保母，素質就不太整齊，像來我們家的這位就是人很好但毫無經驗，也沒有保母執照。不過民國一〇三年後保母登記制上路，所有保母都要納入保母系統，也許問題會改善許多。

多了照顧的人力，我們驚魂稍定，終於可以短暫外出辦事、購物、補眠。某天早晨，保母來家後我居然得以外出到家附近的早餐店，邊吃早餐邊看報紙，再度獲得這再平凡不過的幸福，真讓我十分感動。

只是過了一陣子，我們仍無法適應家裡突然多了一個外人，而且兩個小孩同時要喝奶或洗澡先洗一個小孩時，我們還是要協助照顧另一個小孩，難以真正休息。

最重要的是，我們發現自己不會當僱主，不習慣和別人有僱傭關係，時常擔心自己是否苛待了保母，是否對她有太多的要求？但若不要求保母，又怕稍不注意小孩會有閃失，無論如何都不能自在相處。我不禁思考，是否僱傭關係的本質是依賴也是剝削——你依賴、你付費、你要求，你決定整個薪資給付與休假的方式，你決定勞務的內容，對方只能配合，只因需要這筆錢。尤其臺灣照顧工作者的薪資真是太低，我們已照彭婉如基金會的到府保母行情付薪水，但還是覺得保母工作又低薪又辛苦，而心生許多慚愧。

是否因為照顧工作向來被認定為是女性工作，所以薪資偏低？

懷孕生子接觸到照顧工作後，才深深理解到原來照顧工作者的處境這麼艱難。

我開始思考其他的托育方式，特別是產假結束、七月分我要回到學校上輔導課時，家中只剩老公一人，他和保母能否和諧相處？彼此是否會不自在？小孩是否送到外面的托育機構，父母才能真正喘息？

老公看我鬱鬱寡歡，建議我可以趁到府保母來家裡時，回到鳳山娘家去透透氣。娘家附近的高雄市立婦幼青少年館才剛開幕，因為陳菊市長提出一區至少一托嬰中心的政見，設有公辦民營的托嬰中心，雖然名額肯定僧多粥少，但不妨去登記排隊試試。

於是從開始安胎到現在，整整半年沒開車的我，又重握方向盤，好像也逐漸奪回自己生活的主控權，心情被燦亮的陽光一路烘暖了起來。

到了公共托嬰中心參觀，場地設備有政府資源挹注，都很完善，只收四十個小孩，八個合格保母，每一個保母帶五個小孩，符合法定的收托比例；因為場地安全、保母不用做家事可專心帶小孩，所以雖然收托比好像很高，其實並不比家庭保母容易分神。於是趕緊登記排隊，前面還排著七個小孩，但我們本來就抱著姑且一試的心態，也不以為意。我又幫兩個小孩在婦幼館辦了人生第一張借書證，填著她們的身分證字號和姓名，還不是很習慣，有一種奇妙的感覺。

一週後，我產假結束的前一天，居然接到公共托嬰中心的電話，說有一個名額可以給我，另一個名額則要再等。接到電話心中其實既開心又焦慮：雖然不太適應目前的到府保母，但小孩到底是放在我們眼前帶養，比較放心；保母頂著豔陽每天來我家上班，要開口辭掉她也是很不好意思。

我和老公好好地商量了一番，他畢竟比較理性，較能全面分析事理，不像我感情用事被本能的母性牽引得方寸大亂。他說，雖然小孩才兩個多月就送去過集體生活，好像很殘忍，但實在很難找到有能力帶兩個同齡小孩的保母，我們又不希望把她們分開帶養，這樣接送會是大問題，手足感情也較生疏。而到府保母其實讓父母無法真正休息，他覺得每天有幾小時的喘息還是必要的（他終於了解照顧工作是需要喘息的了！），送到托嬰中心去，老師、設備都屬專業，也許還照顧得比較周到，也未可知。費用也比請保母便宜得多。至於群體生活比較容易感染疾病，這是托嬰中心不如保母的地方，然而小孩會生病這是遲早的事，抵抗力倒是會因一次次生病而增強。任何托育方式，都有其優缺點，我們只能選擇對我們來說缺點最少的。

越近中年，我也越能接受沒有什麼事是完美的，我們只能盡量選擇缺點較少的方案，生命本來就有風險，患得患失也不見得能把孩子平安養大，不如放寬心，親子關係反而比較輕鬆。於是才兩個多月的姊姊，就被當作是開路急先鋒，送進托嬰中心了。

第一天送去時，坐上汽座的姊姊顯得分外安靜，也許窗外的風景太令她目眩神搖，不一會她就睡著了。一到托嬰中心，看到老師們把嬰兒集中起來放兒歌玩耍，心想，也許姊姊會覺得比在家裡有趣也不一定。這麼小的小孩，還不會認生，安安靜靜完全沒有哭鬧，有分離焦慮的倒是我，在那一剎那真是深恨自己為什麼生雙胞胎！如果小孩是一個一個來，我們就有能力自己照顧、而不必托人照顧了！養雙胞胎的頭幾個月，我無時無刻不在這種懊惱的情緒裡，嫉妒大部分人的家庭，小孩有歲差，可以那麼從容、細緻地給予每個小孩最好的照顧，不像我們總是顧此失彼，很難兩全。

姊姊送托後，白天只剩妹妹一人在家，只要花一點精神照顧吃奶換尿布就好了，父母可以輪流休息。我們不禁感嘆：原來養獨生女的感覺這麼輕鬆！也不禁毫無同理心地想：真不知那些只養獨生子女還哇哇叫苦的父母，究竟在抱怨什麼？

姊姊在托嬰中心適應得還不錯，能吃能玩能睡，回家則總是穿著襪子昏昏欲睡。因為托嬰中心的老師每天都帶很多感覺統合的活動，比如拍手唱歌給姊姊聽、抱著姊姊照鏡子、拿吸管對姊姊吹氣、拿姊姊的手去浸溫涼水……我們看到課表都覺得好忙啊！這點也是托嬰中心勝過居家保母的地方，老師們不用做家事，可以專心進行各種幼教活動。

過了一個多月，妹妹也有名額了。為了安裝得下兩個汽車安全座椅，我們轎旅車也買了，我也要去上班了，生活秩序終於又一點一滴重建。連到府保母也因為從我們口中得知托嬰中心成立的訊息，而應徵上那裡的工作，穩定生活之餘，又依舊能每天看到我們的孩子。脫離僱傭關係，轉為老師和家長的平等關係，我們彼此都自在快樂多了。後來她也格外幫我們注意著小孩，兩小孩從托嬰中心畢業後，她依舊牽掛著她們，假日偶爾跟我們約散步順便跟小孩玩，也常送玩具衣物給她們，真是感謝她為雙胞胎所傾注的一切。

這三個多月像大地震一樣，震碎我們所有的執著和成見。從中看到原來我是一個這麼有計畫性、追求完美乃至神經質的人，對人對己的要求都高到讓生活難以運轉下去，真是不太有智慧。無論對待生命或生活，都應該抓大放小、不拘小節才對。專注於當下每一瞬，不要患得患失或過度規畫，不要太有目的性，生命也就自然地茁壯成長了。

多麼遲緩又珍貴的領悟！所幸老公和我交往十三年才生小孩，關係還算有韌性，長輩們也很尊重而不干預，我們才能逐漸找到彼此都接受的教養方案。真不知其他雙胞胎家庭，如果先生不幫忙，或彼此不夠有耐性等待對方成長，或長輩強勢干預，會呈現出怎樣的家庭地獄景象？

冥冥之中，覺得母親一直在保佑我。

十二——命名

懷孕期間，我們夫妻就不斷在討論女兒的名字。雙胞胎一次就要取兩個名字，而且最好取相似或有關聯的名字，才不枉她們同胞而生的難得緣分，所以命名的難度又比單胞胎更高。

臺灣目前的嬰兒命名，一般人習慣花錢找算命先生來取，算命先生則根據嬰兒的八字命盤生肖開出幾個名字，讓家長挑選。於是常見許多冷僻的字，或是組合起來完全沒有意義的名字；同樣生肖的小孩則常有同樣的名字。比如蛇年就常有草字頭、心字頭或寶蓋頭的名字，說蛇喜在草叢中鑽、是肉食動物、喜居洞穴等等，聽來真是穿鑿附會，毫無根據。

老公是完全不信這一套，他說古來許多文人才子的名字，才不是這樣取，還不是青史留名，倒是要取有文化典故的好名字才重要，於是翻開《杜詩鏡銓》，努力在其中找尋有典故的好詞。他的想法一開始我也很贊同，我尤其喜歡出自中國哲學的名字，包含無比深遠的意蘊。比如婦運健將李元貞，元貞出自《易經．乾卦》卦詞：「乾，元、亨、利、貞。」意思非常剛健正向；老公有個學長名叫北辰，典出《論語．為政》：「為政以德，譬如北辰，居其所而眾星拱之。」好個尊榮的名字！學者徐復觀先生的名字，不知是否典出《老子．十六章》：「致虛極、守靜篤。萬物並作，吾以觀復。」也很有深意。又比如北大哲學系教授王守常，讓人想到老子哲學的持守常道；學者劉再復先生、外交官冷若水先生，他們的名字我都很喜歡。

不過我雖然喜歡有文化典故的名字，並不相信江湖術士的姓名學，倒覺得筆畫、生肖可以參考，畢竟這些條件限制不算太多，八字五行等太複雜了就不必看。如果既可以兼顧意義又可兼顧筆畫、生肖，豈不是兩全其美？至於典故，只能隨緣不強求，不必落入古人窠臼，能自己想出有新意的名字也不錯。於是翻開姓名學、字典，努力找出既合筆畫又有好意義的字。

我們連命名的想法也南轅北轍，而且充分反映出彼此的性格。老公是具獨立思考能力、勇於不同於流俗，但對自己擁有文化知識過分倨傲；我則是完美主義，總想要面面俱到，兼顧世俗卻又想別出心裁，於是作繭自縛很不快樂。

婆婆其實也躍躍欲試想插手命名，不過專斷的我們都沒有給她置喙的餘地。最後她只好用「偷渡」的手段，弄得我們哇哇大叫，幸好沒有偷渡成功，之後再敘。

總之直到小孩出生一個月後都還沒有取名字，大家一直以「姊姊」「妹妹」來稱呼雙胞胎，連月子中心的護士都有點看不下去，育嬰室裡請算命先生取名的小孩，早就都有了名字。再說不管什麼津貼福利，都得先取名字報戶口才能辦，命名這件事始終沉甸甸地壓在我心中，整個月子期間心情都飛揚不起來。

最後我跟老公爭論不休的主要是兩組姓名。老公想給兩姊妹命名為「雲輕」、「霜月」，典出理學大師程顥的〈春日偶成〉：「雲淡風輕近午天。」以及李商隱的〈霜月〉：「青女素娥俱耐冷，月中霜裡鬥嬋娟。」聽來好像武俠小說女主角的名字。

但我不管他用什麼典故，直覺這就是兩個薄命的名字，很輕飄寒冷，雖然不太相信「名者，命也」的古訓，但被取了某個意義的名字，旁人就對你產生了文字所帶來的印象，自己也會覺得應該往文字所指涉的意義方向表現，最後就「人如其名」了，所以世間人名才會以正面意義的居多。

我自己結合筆畫、生肖，給小姊妹取名「千愉」、「千悅」，簡單好寫，很好跟別人解釋，唸起來也響亮好聽；而且意思不錯，人生所求不就是心情愉悅而已嗎？若以江湖術士的姓名學來看，屬蛇的人應該取心字旁的名字，因為蛇是吃肉的，而心是上等肉，取心字旁的名字可以讓此人衣食無憂。筆畫上，結合姓氏為二十三、二十一畫，也是吉數，寫起來又筆畫不多。豈不聞王安石詩：「看似尋常最奇崛，成如容易卻艱辛。」最平易又意思好的名字其實最難取。不過老公看了覺得太直白好笑，毫無文化素養，虧我還是國文老師，他不肯同意。

拖了一個半月，彼此的拉鋸因為疲勞而有減弱的趨勢，老公最後提議，不然由神明來決定好了。婆婆篤信媽祖，迎來一尊分身在家裡供奉著，把我們兩個取的各兩組名字擲筊決定，因為是神決定的，就可以破除薄命、好笑……等種種疑慮。

自我意識高張的我，當然不情願把命名權讓渡給任何人、甚至神。雖然父權傳統上，公婆或丈夫才是主要命名的人。但我總覺不公平，是吸收我的血和養分才生下的小孩，這些沒流血沒受痛的人，憑什麼來決定小孩的姓名？就算是小孩的爸爸和祖母也一樣！全得聽我的！

然而我也隱隱想到，人還是要謙卑一點。我沒有宗教信仰，但想到天主教教義中所謂的「七宗罪」——饕餮、懶惰、忿怒、妒忌、貪婪、好欲、驕傲，其中最嚴重的罪不就是「驕傲」？人常常自以為是，或自大到以為可以左右一切。但自己認為對的，就絕對不容置疑嗎？人絕對可以主宰自己的命運、都不必對種種成就自己的因素有任何感謝嗎？我認為人還是要謙卑、感恩，才能避免造成他人的痛苦，也才能承受命運的驚濤。至於是哪一個教派的神，對我來說都不重要，只要人心中有神，不要過度自我膨脹就好。所以我最後也就勉強同意了。

婆婆接到我們請她擲筊問神的電話歡天喜地，又偷偷塞進了「鉑樂」、「喜樂」

這一組名字去擲筊，我們事後知道都十分氣憤，怎麼可以用這種不光明磊落的「偷渡」手段？萬一神選了這組名字，我們是認還不認？後來問她這兩個沒頭沒腦的名字究竟是什麼意思，她不好意思地囁嚅道：「我只想要她們健康快樂嘛！」我們不禁昏倒在地。

一頓飯的時辰，接到婆婆來電，我們都很緊張。婆婆說，擲了兩輪筊，「千愉」「千悅」的筊最多，其他名字跟這組名字都差距懸殊。我一聽大喜，擊掌大笑：「媽祖果然靈驗！」

老公和婆婆倒是也滿尊重我們當初的約定，於是就趁大家都尚未反悔時，趕快去報了戶口。

命名大戰終於告一段落，我對神明充滿感激，因為如果擲筊出來的是別人取的名字，當時心緒不佳又沒處世智慧的我，不知將如何熬過這樣的風暴？如何處理和夫家人的關係？然而神畢竟寬待了我，沒有給我這樣嚴峻的考驗。

後來想想，這組名字也反映我當時的企求，喪母又生雙胞胎、又跟老公教養想法南轅北轍的心理壓力實在太大了，我只求能愉悅度日，早日走出產後憂鬱的風暴。

小姊妹送托嬰中心後很快被取了綽號，比如叫「兩千」、叫「愉悅二人組」，這都是我命名時始料未及的，我們覺得好笑也就開始統稱她們為「兩千」，簡潔有力。

我也被好友取笑，如果生的是兒子，會不會取個「萬福」、「萬壽」之類的名字？不過能帶給別人笑點，也是一件功德，作父母以後，我的志願越來越小，不奢求小孩聰明美麗、升官發財，只要她們能平安、健康、愉快就好，有個帶點喜氣和傻氣的名字，或許就逐漸走向略帶傻氣卻喜氣非凡的人生，就像蘇東坡〈洗兒詩〉所言：「唯願孩兒愚且魯，無災無難到公卿。」雖是諷世，卻也反映了幾分天下父母心。

兩千到了七、八個月，會坐會爬後，開始到處作亂，偷吃放在椅子上的麵包、「咻咻咻」抽完整盒面紙，我才想到，愉悅不也諧音「逾越」？因為逾越種種大人的規矩，所以才分外「愉悅」。給孩子取了這樣的名字，我真是自作自受啊！但一方面我又暗自期望，兩千能一直這樣保有自己的個性，像大樹一樣自在伸展自己歧出的枝枒，逾越成見和體制的藩籬，享有因自由發揮而創造出的無限愉悅。

十三——初體驗

兩千才兩個半月大的時候，就會跟我們玩一種遊戲：把安撫奶嘴吐出來，然後大鬧，要我們幫她們撿起來。小嬰兒會的把戲不多，一旦學會了，就一直重複，樂此不疲，讓人想到〈紅玫瑰與白玫瑰〉中的紅玫瑰王嬌蕊名言：「一個人學會了一樣本事，總捨不得放著不用。」這話形容所有嬰兒的心態，也頗貼切。

到了第四個月後，兩千雙雙送托了，作息變得很規律，臉龐也像滿滿盛開的花朵那樣漂亮、飽滿、人見人誇。表情很多，睡著的時候小嘴微張，眉目安詳如天使，中文把美好的小孩稱「寧馨兒」是有其道理的。姊姊的表情時常憨憨，妹妹則鬼靈精怪的模樣，才三個月就會向人促狹地笑；哭鬧的時候則一律是扁嘴哭，一副委屈得不得了的表情。三個月大的小孩還不會坐，手腳卻時常舞動著，兩個小鬼放在一塊像是在跳群舞。可惜雙胞胎父母因為照顧她們生活起居就太累了，即使小孩送托還是要處理堆積如山的衣物、清理環境和採買，我們並沒有很多時間能端詳、摩挲和逗弄，就連抱著合照，都是到第四個月才突然想起來，趕緊抱著兩個小孩各拍一張。

我們和小孩的默契也一點一滴地建立。每個生命都有其獨特個性，即使是同卵雙胞胎，也是兩個性格全然不同的人。所以新手父母最辛苦的就是前三個月，必須不斷嘗試各種方法，才了解什麼育兒方式最適合小孩及自己，帶雙胞胎更辛苦，因為要多跟一個小孩磨合。

比如睡眠方面，我們就試了許多方法，小嬰兒時常莫名哭鬧，尤其姊姊睡前時常大哭，妹妹聽到哭聲，則皺眉拚命搖頭，好像在說：「究竟是哪個小鬼在亂吵？」有時則好像在傳遞一支無形的接力棒，一人哭完睡了另一人又哭醒，無止無休。哄睡一個小娃已不容易，何況是要兩個都同時入睡？而雙胞胎父母唯有小孩都同時入睡時才能休息，只要一個醒來，就一定要有人去照顧，所以我們的睡眠時間也比單胞胎父母少很多。

這樣下去不是辦法，唯有借助專業知識了。老公從圖書館借來哈維・卡爾普（Harvey Karp）《讓小baby不哭不鬧的五大妙招》，學到了吸奶嘴、包緊和白噪音等幾個方法。

所以我們給兩千吃安撫奶嘴、用包巾包成春捲狀，並輔以播放「白噪音」。所謂的白噪音是指無意義的聲音，如吹風機、吸塵器等機器運轉聲音，這些聲音與小孩在子宮中聽到母親血管中血流的聲音很相似，因此嬰孩聽到這樣的聲音會覺得安穩而睡著。但老公擔心吹風機或吸塵器，運轉一段時間都會發熱，太靠近小孩有過燙疑慮，所以用錄音筆在白天錄下二十分鐘吹風機聲，播放之後效果也不錯，哭鬧中的兩千時常停下來聽聽這是什麼聲音，就忘記哭鬧。

「吃」的方面，兩千仍只喝奶，因為我奶量只夠一人吃，所以一半母奶一半配方奶，這時已完全沒空親餵，全以瓶餵為主。在月子中心時一天吃六頓，兩個多月後兩千就睡過夜了，清晨四點的那次就可以取消。一天五頓奶乘以兩人份的奶瓶量，以及一天擠五次奶的集乳器具清洗量，加起來相當驚人。所幸我那養育了兩代雙胞胎的舅舅，在我懷孕時就送來大容量的紫外線消毒烘乾鍋，可以把洗好的奶瓶扔進去裡面就沒事了。消毒鍋一整天也就不斷地運轉。

兩千吃奶時的姿態十分可愛，一開始常是雙手握拳十分緊張用力、大口大口吸吮，乳汁源源不絕灌入後便逐漸鬆弛，喝完浮出飽足恬然的笑意。奶是她們目前生命中最重要且唯一關注的事，我常在她們專注吃奶的神情中，感受到一股最強勁而原始的生命力量。

衣著上，則早就承蒙許多親友之賜，送來許多既漂亮又新穎的衣服。少子化的時代，我們較少接收到其他小孩的舊衣，叔叔阿姨們多半都單身無子，出手闊綽，又因全球化而分散在紐約、東京、香港、新加坡、上海等世界各地，兩千的衣服因此也以新的為多，而且像個聯合國，充滿全世界各種不同的品牌童裝。只是洗衣量也十分驚人，小嬰孩容易吐奶，弄髒衣服床單被套等，每吐一次就要全面拆洗，所以洗衣機也不時運轉著。

比較麻煩的是「行」，雙胞胎家庭出門比一般家庭更滯礙難行，到哪裡都要先綁縛兩小在雙胞胎推車上，然後推到停車處，把小孩綁在兩個兒童安全座椅上、再收折兩臺推車、放上行李廂，單單綑綁和抱上抱下（每一個動作乘以二次）就累翻了！況且只有我們兩個照顧者，任何一方要上廁所或買東西，其中一方就得一人顧兩小。少子化的年代，聽到親友們常是出門三、四個大人照料一個小孩，還搶著抱，令我十分羨慕。也因此兩千出生後整整一年內，我連火車站以北的北高雄都沒跨過去過，一直只在家附近繞，她們一歲多後我因和同事聚餐，終於跨越到北高雄美術館附近去吃燒烤，真是感慨萬千，恍如隔世。

三、四個月大的嬰兒，還不會坐和爬，每日能玩的把戲有限。我和老公每日照料她們生活起居和餵母奶、處理家務、我還要上班，又太疲倦，自覺好像比單胞胎父母少陪小孩玩。所以但凡有外人來逗弄，她們都笑得很開心。兩千的外公每星期都會來探視一次，把她們舉高高、握手、嘰嘰咕咕說話，她們就笑得花枝亂顫。外公不禁感嘆，她們其實很容易逗，很愛笑，可惜雙胞胎父母太累，都沒法陪她們玩。照顧人力不足的情況下，很難一直「綵衣娛親」（親生女兒）。還好後來送到公托裡，每天都有幼教課程，讓她們目不暇給，回家早早就累了想睡。很難想像一般養在家裡的小孩，照顧者要怎麼既負擔生活照顧又陪小孩玩？或者多半只要專心帶一個，照顧工作不若雙胞胎那麼繁重？無論如何，我要對許多兼顧小孩身心發展、不但照顧了生活起居還能陪小孩玩的全職媽媽致上最崇高的敬意。

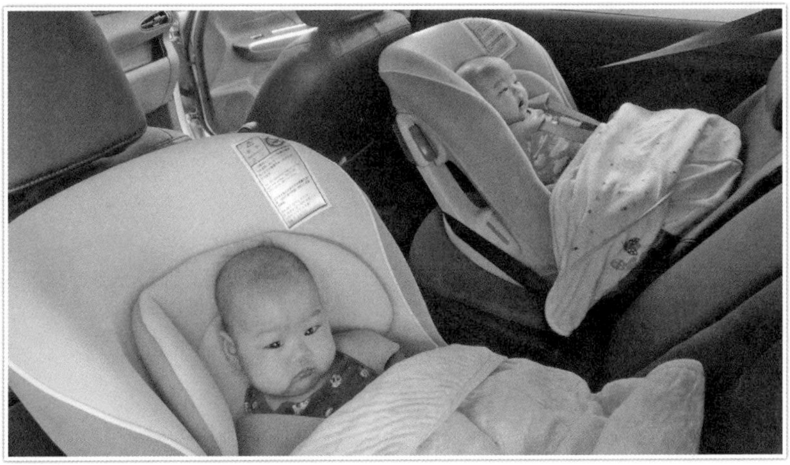

十四——軟著陸

兩千是孝順的孩子，出生的時間「落點」非常之好，剛好在學期中，放完產假就是畢業典禮了，讓我一天產假都沒有浪費，然後又接著放暑假，使我比一般人有再多一個月的產假來「軟著陸」，平穩降落職場大陸。也許老天知道小孩雙雙降生將給父母太大的心理壓力，所以給我們如飛機跑道般悠長的假期來緩衝。

到了七月底，我開始上輔導課了，雖然很幸運抽到比較輕鬆的班級配置，但七個月沒上班的我，還是很有壓力，好在上班這種事像游泳，只要學會了就不會忘記。暑假的課還算鬆，每週只要上三個半天就好了，讓我得以慢慢試水溫，不至於一下就水深火熱，擠母奶也有寬裕的時間。真不知那些業務繁重的職業婦女，產假後又要上班又要擠母奶的，要怎麼適應？

餵母奶的媽媽很辛苦，整天都在口渴，身體像乾旱已久的焦土，無論灌下多少水分，都還是會快速流失掉；而且很容易餓，每餐一定要吃下大分量的主食，不然就一直會有被小孩吸吮榨乾的感覺；出門辦點任何事都要抓擠奶時間的間隔，不然脹奶的不適就會在乳房裡喧囂翻騰。回職場上班的媽媽們尤其不便，職場上的突發狀況真是太多了，以致職業婦女常無法在規律的時間擠母奶。勞碌起來時我會羨慕原始的哺乳類動物，不必狩獵、做家務，也不必幫小孩換尿片，什麼事都不用煩心，只要抱著小孩不斷親餵就好。

我們學校非常禮遇哺乳媽媽，依法規給予充分的擠奶時間。拜校長也是有性別意識的女性之賜，一聽到我提出設置哺乳室的訴求，便立即請人裝潢一間隱密舒適的哺乳室，還擺了一張床讓懷孕的同事可以休息。有些私人公司就沒那麼好的福利，許多哺乳媽媽必須忍受上司的不悅、同事的抱怨，在狹窄的廁所裡擠奶，一邊還掛心許多尚未處理完的業務，如果有什麼是人間煉獄的話，那麼身處於不友善的職場環境還得哺乳的職業婦女，就已經日日在體驗了！可是許多媽媽仍懷抱堅韌的母性，忍受諸多歧視與不便，只為了給小孩最天然純淨的母奶吃。

為了擠母奶，每天穿著哺乳衣去上班，衣服款式的變化也很少，中午無法約談有問題的學生，下午也無法留下來看學生比球賽，總之無法做得像未生小孩前一樣多。或許，想繼續理想地提供母奶，至少前半年必須是不上班的狀態才行。女人又要上班賺錢又要哺乳，真是太辛苦了！難怪民國一〇四年國民健康局調查臺灣六個月以下的嬰兒以純母奶哺餵者，只占百分之四十五，雖然高於全球平均值百分之三十八，但我想，那是臺灣的媽媽們含著血淚才撐出來的數據，整體哺乳環境，還是有待改善。

到了快滿八個月的時候，我就決定斷奶了。雖然餵母奶的好處多，然而凡事也要考慮到整體效益，只為了產量不多的母奶，就要忙到自己身心都無法承受的地步，也影響了育兒的心情，倒不如全餵配方奶，讓生活更便利，面對小孩也較能保持心情愉悅。面對斷奶，雖有一絲惆悵，卻更多是「斷尾求生」的痛快感，因為再這樣下去，我快要被工作和繁重的育兒負擔壓垮了！人畢竟有其負荷極限，知道自己的限度在哪裡、接受它，也是成熟的表現。

斷奶以後行動果然自如許多，不必再掐緊擠奶時間辦事，也不用大包小包拎著擠奶機器、一天數次地清洗擠奶器具，省下的擠奶時間更可用來備課和育兒。服裝上也能比較有變化，穿著好看的衣服，心情也就被療癒了許多。

經此一番，我也對持續哺乳回家還要育兒的職場媽媽們，致上最崇高的敬意。無論在職或在家，女人在哺育階段的勞苦，真是未經歷過的人們無法想像的啊！

十五——兩千動物園

或許每個家庭的客廳裡都曾有過這樣一處動物園，鋪著軟墊，圍著柵欄，裡面圈養著一隻光頭吃奶嘴的小獸，而小獸也總是攀著柵欄，好奇張望飼主的一舉一動。柵欄建立和撤收的時機，端看小獸的衝撞實力，也考驗飼主的智慧和膽識。

兩千生下來就肢體敏捷，尤其妹妹，才兩個多月大就會翻身，姊姊也很快會翻身，有一回放在主臥大床上，大人去客廳做點家事，就聽到「咚」地一聲，很沉重的物體掉落聲，接著姊姊洪亮如海嘯的大哭聲就襲來，我和老公被迅速捲入房中探看，幸好沒有大礙，但她扁嘴大哭，一副委屈至極的模樣，像在譴責我們怎麼這麼粗心，我們內心的愧疚感也就汪洋了一地。

後來又陸續這樣摔了兩、三次，我們也快被不斷湧出的驚嚇感滅頂，考量家裡房間不夠大無法放置兩張嬰兒床，而且嬰兒床的活動範圍也太小，便火速買了軟墊和塑膠柵欄，把客廳圈起來給兩千在裡面活動，於是「兩千動物園」順利開張，兩隻小動物在裡面「蛇來蛇去」非常開心。

有想來「兩千動物園」參觀的親友，我們都會告知開放時間、注意事項且歡迎拍照，親友們絡繹不絕，覺得比木柵動物園裡的「圓仔」還要可愛多多，而且免費、免排隊、一次還可以看到兩隻，超級開心。

姊姊六個半月就會坐（以早產一個月的小孩來說算很快），有一天老公要我快去房間裡看，姊姊不聲不響突然就在地板上穩穩坐得跟一尊佛一樣，我們感動地拍下她的坐姿，這尊小活佛愣愣地看著父母，不解我們幹嘛這麼激動，好像我們是一群無端激擾不已的「無明」眾生。小孩的成長，真像花開、像日出一般，靜默無聲地醞釀一陣，突如其來就綻放了！錯過那個感動的瞬間，就再也不能重來。所以雖然很疲累，我們還是慶幸每天都跟小孩過夜，不曾全天候托給別人，兩千的重大發展：坐、爬、拍手、站、走路、說話，每一個瞬間我們都曾捕捉下來。

兩千逐漸認得彼此，而且老是打來打去、搶奪對方的玩具和奶嘴，如果有誰暫時俯趴一下，另一個就會火速爬過去壓住她；還有一次為了搶玩具電話，激烈打鬥，姊姊使出女生打架的必殺技——抓住妹妹的頭髮，兇悍地尖叫，妹妹則敏捷地放下奶嘴，一把奪去，讓姊姊怎樣都搶不到。我們在旁錄下畫面，像戰地記者般不知該先救人還是先拍照，還好同卵雙胞胎體型差不多，總是勢鈞力敵，沒有誰能永久占上風，損傷也就不慘重。

兩千動物園的「餵食秀」，也總是高潮迭起。每次吃飯，兩千看到我們在準備食物時就會不耐地尖叫、拍打桌面、激動到好像要翻桌抗議了，無論跟她們說幾次「等一下」都聽不懂。後來看到書上寫，一歲半以前的小孩對時間的概念只有「現在」，他若是要什麼東西，一定是「現在」就要，「等一下」、「馬上就來」、「一分鐘就好」，這些對現在的他來說，都毫無意義。空間亦然，永遠指的是「這裡」。想想嬰兒只認識「此時此地」，所以沒有對過去或未來的無謂煩憂，簡單直接，這不正和老莊或禪宗的某些概念暗合？難怪老子要我們「復歸於嬰兒」，頗有幾分道理。她們對「此時此地」的重視，在「吃飯」、「喝奶」這些事上尤其明顯，想吃現在就要吃到，絕對沒有「先別急著吃棉花糖」這回事。

所以每次吃飯我們都手忙腳亂，一邊剪碎食物一邊餵食，自己則囫圇吞食，究竟吃下什麼自己也不知道。因為完全沒有時間去夾菜，後來我大都準備飯、菜融於一盤的懶人料理，比如親子丼、燴飯、炒飯……等。另外也盡量避免到餐廳吃飯，因為還要分心注意環境安全，雙胞胎又不像有歲差的小孩，父母只要伺候較年幼的那個小孩吃飯即可，大一點的會自己吃；雙胞胎是同時作亂，不斷地從餐椅上站起來、丟擲食物、抓取桌面的東西……，如果只有我和老公兩位照顧者，就會一直忙一直忙，連去上廁所的時間也沒有，一頓飯吃下來我們就陣亡了！

後來聽托嬰中心老師的建議，買了給嬰兒吃的米餅，就可以先「擋一下」飢餓。

兩千第一次吃米餅就很喜歡，那時只有兩顆小門牙，也可以把米餅咬得「咔啦咔啦」響，於是那清脆的咬餅聲一直在我心裡迴響，像是手忙腳亂餵食秀的一個美好句點。

這時期的兩千還不會認生，所以到「兩千動物園」參觀的來賓，如果願意，我們會請他們挑戰一下坐在沙發上「雙抱」——左右各抱一隻，然後幫他們拍照。神奇的是，無論各種年齡身分的來賓，一旦雙抱都笑得燦爛極了，其中有高齡七十幾的長輩、教授、醫生、日本人、新加坡人、單車鐵漢、男女同志……等等，沒有一個不咧嘴開懷大笑的。

可見懷抱新生命讓人開心，坐擁兩個新生命更是雙倍以上的開心。無論經歷多少風刀霜劍、歲月催逼，看到潔淨明亮的新生命，所有的風霜雨雪會瞬間歸零，心境突然晴好無雲，所以為什麼很多小說會以新生命的誕生來作為救贖，比如蕭紅《呼蘭河傳》裡的馮歪嘴子、或黃春明〈看海的日子〉裡的妓女白梅，其來有自。當然政客喜用懷抱兒童來漂白自身罪惡，也是一樣。嬰兒如菩薩，對待眾生無差別心，面對菩薩會生出修行之心或利用之心，也就端看個人。

大約十個月的時候，妹妹開始會打開柵欄的門，闖出一條路來，姊姊尾隨其後一起作亂。有一回還像小老鼠一般偷吃放在椅子上的香蒜麵包，妹妹捧著麵包，顯然是首謀，手腳俐落拆開包裝，吃得津津有味，不斷舔嘴上和手上的奶油，還「呷好逗相報」，讓姊姊也撕了一小塊在吃，我們搶救不及，麵包已呈被老鼠咬嚙過的淒慘模樣。

既然關不住小獸，柵欄倒下還要重修也麻煩，我們就把柵欄拆掉收起來，清空較矮的廚櫃、桌角都貼上防撞設施，從此動物園範圍擴大到全家每個角落，雙寶形同野放，可以在家裡盡情玩耍、打架、作亂，越來越刺激有趣，我們兩個動物園管理員整天盯著她們轉，時刻都要注意。

後來乾脆把她們帶出家門，到小學或公園去徹底野放，兩千在戶外總是開心得不得了。看來未經文明馴養的人類天性，還是喜歡回歸天地呀！

然而野外生機蓬勃卻也危機四伏，我們總是戰戰兢兢提防哪裡有個粗心的路人、或心懷惡意的瘋子、或肆虐的流感病毒腸病毒，會冷不防傷害到兩千，作父母的內心總是時刻上演好萊塢災難電影的畫面，儘管大多數的時候，遇到的都是友善的路人，或是寂寞的小哥哥湊過來想跟她們玩——少子化的時代，公園裡到處都是沒有伴的獨生子女，希冀不認識的小朋友賞個微笑或擁抱都好。

但是當了父母後，內心牽涉到小孩的部分，永遠是敏感脆弱如沙堡的，稍有風吹雨打，就會被摧毀。因為怕失去，怕自己流奶流汗流血流淚才拉拔大的一點骨肉，轉瞬間就被殘酷的世界吞噬，那是人生最大的災難，既是繁衍意義上的絕望，也是情感上的大毀滅。

我不能想像那樣的傷痛，也常自我懷疑，如果遭逢那樣的傷痛，我還能不能繼續正向、開放地看待世界？還能不能冷靜、自由地創作？

也因此，許多父母是絕不「放手」的。他們延遲幼兒上學的年齡、甚少帶孩子到外面玩、照顧小孩如拂拭細瓷，唯恐一放手就會摔碎。

成為母親之後，我很難譴責這樣的掌控欲。當父母是半人性半生物性的，總被「放手」和「掌控」的兩種欲念拉扯不休，難以壓抑的動物性總是伺機抬頭，稍有不慎，便有可能令子女窒息折翼。張愛玲便大膽寫出這種黑暗的母親面向，《怨女》中的銀娣讓兒子吸鴉片、娶妾，一輩子把他拴牢在身邊，也不要他有半點出息。

我只能提醒自己要克制、要相信，唯有相信孩子像春日裡勃發的草木，自有強韌的生命力，才能慢慢鬆開手。

紀伯倫的詩篇〈弓與箭〉說：「你是一把弓，你的子女是生命的箭；你可以盡力把它送向遠方，卻不能規定他的落點。」

老子第二章有言：「生而不有，為而不恃，長而不宰，是謂玄德。」教養這件事，往往「少」即是「多」，「無」才能生「有」。過多的操控、餵養、監視，只會讓子女無法成長，反而開放、自主、信任，才能讓小生命充滿生機。

我們已經生活在比上一代醫藥更發達、環境更衛生、物質更充裕的時代了，要更理性克制無畏的擔憂。

更何況，以佛家的觀點來看，有子是因緣俱足而造成的「果」——無子也是——兩者都是隨緣生滅的空相，都不需執著。當初選擇生小孩，也是因為缺少悟性，不能看「空」，傾向選擇「有」而非「無」，但我的確也必須時時看到「無」的那一端，那也是確實存在的人生面相。

於是「兩千動物園」越來越採開放式經營，管理越來越鬆散，範圍也越來越大。小小年紀的她們，已較同齡小孩活潑豪邁許多，或許兩千日後會被培養成「以天地為棟宇，以屋舍為幝衣」，這種有竹林七賢氣魄的人吧！因為我們了解到，父母終究只是幫天地在養小孩，豈能一直圈養她們在人為的小小柵欄？

十六——周歲

春天到來沒多久，兩千就滿周歲了！姊姊從兩千一百五十克長成八千六百克的小皮蛋，妹妹從一千八百二十克的極低體重兒，長成八千三百克的小不點，回想剛把兩千抱回家的那段艱辛歲月，當時常常懷疑這麼辛苦地過每一天，何時才能撐到周歲？沒想到，這一天也不知不覺降臨了！剛好二姑一家從臺北南下，我們就辦一場簡單的慶生會，邀請她們一家以及雙方父母來家裡。我們訂了烤鴨和披薩，還狠心訂了哈根達斯的巧克力冰淇淋蛋糕給她們慶生——雙胞胎只需要一個生日蛋糕，所以可以訂單價高一點的。

當天一早給她們穿上親友致贈的二手公主裝。小女娃本來就光澤閃耀，肌膚似雪，禮服上身更是華麗悅目，看得大家心花怒放。

回想養育雙胞胎的第一年真是分外辛苦，一天要喝六次奶加上擠五次母奶，半夜又總是被小孩驚醒，出月子中心後的第一個月，幾乎沒一覺到天亮過，連自己的吃喝拉撒都顧不上。原來生命的延續必須這樣自我犧牲，流失形體上和精神上的全部自我，才能換取一點點新生命的成長。這是一場慘烈的革命，沒有停損點，也沒有妥協處，全然是置之死地而後生。

幸好我所擁有的養育資源還滿多，運氣也很好，一路走來遇到許多貴人。每個人能平安長大，真是得要仰賴整個社會、家庭的極力護持。雖然養育雙胞胎很艱辛，但我也不後悔生下她們，就像徐國能〈里爾克的秋日〉裡所言：「大地以其神祕的儀式，終於使生命走向以所有的果肉來孕育一枚種子的心境。」這是很獨特難言的體驗，雖然沒有小孩也是一種人生體驗，但我的性格總是傾向選擇「有」而非「無」，希望她們能平安長大，讓我繼續體會到「有」的快樂與艱難。

十七——生病接力棒

兩千周歲前後突然遭遇生病亂流，不停染上各種疾病。先是妹妹感冒發燒，然後姊姊感冒發燒；再來是姊姊結膜炎，然後妹妹結膜炎；再來妹妹又感冒發燒，然後是姊姊腸病毒。

送托嬰中心最大的麻煩是小孩易感染疾病，兩千大約四個月左右就第一次感冒，其後大概一個半月到兩個月會感冒一次，有時還會傳染給大人。這或許也是許多臺灣人堅持要把小孩居家托育的原因，據主計處統計，二〇一〇年全臺灣仍有百分之八十九點六的未滿三歲孩童是由父母、祖父母或親屬在家照顧。其中由祖父母照顧的比例，又從一九八〇年的百分之十四點六提高到二〇一〇年的百分之三十四點七。臺灣人還是有「小孩自己帶在身邊比較好」的心態，即使全球化造成父母常要出差或在另一國度工作、或青年貧窮化雙薪家庭增加，這種心態仍然很普遍，於是就由已「服務一代人」的阿公阿嬤們接手補足「在家自己帶」的照顧人力空缺。也因此，許多人聽到兩千「零歲出社會」，兩、三個月就被送到公立托嬰中心，都很不以為然。

然而，雙胞胎較適合以「多對多」的方式帶養，白天送托嬰中心，晚上回家由父母親自撫養，對我們來說是最能平衡的選擇，兩害相權取其輕，我們只能選擇對我們優點最多、缺點最少的托育方式。

因此，也要承受小孩時常生病這樣的課題。整個四、五月間，兩千反覆生病，簡直像是在傳遞一支生病接力棒似地，無止無盡地傳下去。

第一棒：妹妹感冒發燒

妹妹四月十三日早上開始發燒，出現咳嗽、流鼻水等感冒症狀，還好家附近的耳鼻喉科診所星期日晚上也有門診，我們便火速帶去讓醫生確認，幸而只是普通感冒。也許很不舒服，凌晨一點多起來哀嚎，新手父母面對燒得滾燙的小孩，腦中總會像拍災難電影一樣，上演無窮無盡誇張的、戲劇性的黑暗想像。還好到早上燒就退了，托嬰中心仍可以收托，只是隔離在護理站由護理師照顧，我便還能放心去上班。

第二棒：姊姊感冒發燒

四月十五日，換姊姊發燒，吃藥完喝奶，就吐了一大口。我們心知多半是被妹妹傳染，雙胞胎經常是「有難同當」，一個生病完又換另一個，給我們的打擊也是雙倍的。因為連續兩天早上都發燒，托嬰中心不收，只好把仍在感冒的妹妹送去，姊姊留在家裡照顧。

然而姊姊一生病就很暴躁，比妹妹還黏人，鎮日哼哼咳咳令人心煩意亂。在餵藥上也比妹妹還難餵十倍，雙唇緊閉、小舌頭頂住牙齒，無論如何就是不開金口。好不容易餵進去，又常「呱」地一聲吐出來，這時若妹妹在家，又會好奇玩弄她的嘔吐物或亂抽衛生紙，讓我們顧此失彼，忙亂不迭。後來我們便發展出一套餵藥的SOP流程，先把沒事的那個放嬰兒床「關禁閉」，再一個人壓住小孩、另一個人強力餵下藥水，如此才能平順地餵進藥去，過程中要狠下心來別理會「關禁閉」那位的尖叫抗議，否則永遠弄不完。

第三棒：姊姊結膜炎

四月十九日，姊姊感冒才剛好一點，又被護理師發現眼睛發紅，乳白色分泌物增多，看醫生說是得了結膜炎。因屬高傳染性的疾病，要在家休息五天才能送托，所幸剛好遇到週休二日，週一我也只有兩堂課請假方便，還可以有足夠的照顧人力。

我們跟托嬰中心護理師學會給小孩點眼藥水的方法，也是一人按壓住小孩，另一人迅速拉開下眼瞼點藥水，姊姊自是在底下哭鬧掙扎，但我們已被鍛鍊出潘金蓮般的狠心辣手，不管武大郎在底下如何哀嚎，都能迅速投藥下去。

結膜炎總體來說比感冒發燒好照顧一點，食欲比較不受影響，也不會吐奶吐藥，讓我們還要清洗汙穢的衣物被單等。只是無法送托，父母無法喘息，比較辛苦。

第四棒：妹妹結膜炎

四月二十三日，妹妹也眼睛發紅，出現乳白色分泌物，雙胞胎實在太難以隔離了！於是一樣在家休養五天才能送托，所幸姊姊此時已康復，托嬰中心願收托。住在市中心的大樓裡，和鄰居們都是相見不相識，老死不相往來，遇到緊急狀況只好拜託鳳山娘家的父親或屏東的公婆，來家裡幫忙照看一下生病的小孩，以便老公能放心去接送另一個。還好老人家也都很阿莎力地答應幫忙，自己坐大眾運輸千里迢迢來我們家裡，幫忙完又坐大眾運輸自己回家，就怕麻煩到我們，真是非常感謝他們。

第五棒：姊姊腸病毒

五月六日，姊姊竟得了腸病毒！居家隔離至少要一個禮拜，我工作又正忙，這週要去校外演講、下個週末還要監考國中教育會考不得休息，我們便當機立斷，請屏東公婆幫忙顧沒生病的妹妹，把生病的姊姊留在身邊自己照顧。屏東公婆爽快地答應了，還說如果住得習慣的話，可以無限期接收一個。

不過當晚我就哭了一場，因為妹妹出保溫箱以來每晚都跟我們在一起，真的很捨不得跟她分開那麼久。到屏東後，老公趁妹妹午睡時偷偷溜走，晚上打回去問妹妹適應得如何，公婆說她一開始有點認生，後來就願意給阿公阿嬤抱了。婆婆還煮了魚湯泡米麩餵她，妹妹很喜歡，吃了很多，晚上小小打盹了一下，也願意跟阿公阿嬤玩。聽了就放下心來，我們本來就揣測妹妹是個喜歡新事物的好奇鬼，也許會樂不思蜀，果真應驗我們的想法。

過幾天老公回老家去探視妹妹，妹妹在門口看到爸爸的車子就笑了，真是精明的傢伙。看到爸爸來很高興，一直要抱，睡午覺時還一直盯著爸爸捨不得闔眼，令人很心酸。

然而妹妹送給公婆養的這兩週，我們又不由得感到「原來養獨生女的感覺這麼輕鬆！」儘管姊姊生病照顧起來很累，但洗澡不用洗完一個再洗一個，還要不停制止另一個衝進浴室；尿布也不用一次換兩包，換的時候還有另一個在旁邊搗亂；奶瓶碗盤清洗的頻率也減少了，出門更覺兩個大人盯一個小人，真是從容啊！連抱小孩的時間都變多了！養兩個會累到沒有體力抱，只能看她們互打互咬，然後又要精疲力竭地排解糾紛。小孩一個就「孤掌難鳴」，再怎麼作亂也是有限。到後來不禁有點擔心妹妹回來後，會不再適應養兩個的感覺，決定還是早早抱回來比較好。

妹妹回家後，突然學會許多事情。比如居然會吹口哨、也會拉動一個機械鳥玩具、爬上桌子知道要怎麼爬下來……讓我不禁想到唐人傳奇〈聶隱娘〉，聶隱娘自小離家一段時間後，突然學會許多武功，讓她父母驚訝不已。至於環境適應則完全不成問題，妹妹是個喜歡新奇、樂不思蜀型的小孩，轉換新環境只會讓她更開心，而且似乎還記得這裡是她家，也還記得我這個媽媽；姊姊則是多了競爭對手搶玩具、搶食物、搶抱，累得她一覺到天亮，不像前兩週精力旺盛常半夜起來吵人。至於她們彼此是否記得彼此？就真是難以推知了。

十八——最後一棒：媽媽遞出育嬰假單／俯視II

妳其實身心俱疲。在經歷長達一個半月左右的小孩生病亂流後，妳高度懷疑自己是否能把班級帶上高三。一方面，妳覺得在學生面臨升學關卡時離她們而去，太沒有道義，對來接手的同事也不好意思，突然把繁重的任務交給他。但其實妳已經到達負荷的臨界點了，每次小孩生病被托嬰中心「退貨」時，妳都很苦惱，都要安排接手照顧的人力，為了盡量不麻煩長輩，經常把還沒完全康復的小孩送托，眼看兩千被隔離在護理站孤伶伶的樣子，妳都很掙扎，如果是自己請假在家照顧，一定把她們當公主般悉心調養。

妳也嫉妒請假在家的另一半，勇敢抵抗社會眼光請育嬰假的他，白日送托兩個小娃，之後都是自己的時間，雖然只有七小時，中間還要吃飯、午睡、採買、做家事，但無論如何都有喘息的時間，於是他得以讀書、寫出一篇篇專業相關的文章，登上主流媒體，讓妳羨慕得要命。

而妳下班回家仍要帶小孩，週末也不得休息，備課、改作業都是抓空堂時間拚命做，妳也想閱讀和寫作，但時間被切割得瑣碎凌亂，心智和身體鎮日嗡嗡運轉的情況下，也沒辦法靜下心來好好讀書寫作。嫉妒令妳挑剔起他的家務分擔來：雖說有做家事，在妳看來，只是處理了不做就無法運轉下去的家事，比如燒開水、洗晾衣服、採買奶粉尿布、清洗奶瓶奶嘴等，至於煮食是全然沒有的，妳們每天買便當吃，打掃、採買工作還常是妳在做。

妳知道他不是惡意，也想盡力做好，只是男性長久處於性別優勢，習慣把自己的事擺在第一位，家事都是次要，而且一點也不會覺得不安。這本來也沒有問題，妳也厭惡傳統女人慣於／被迫要犧牲自我，又不太甘願，嘮嘮叨叨討功勞，如同簡媜在《紅嬰仔》中所形容：「把自己當作一顆方糖（或一撮鹽巴），慢慢溶解於養兒育女、相夫教子這口大鼎內，成全了他人的人生美饌，自己卻消失於無形。情況較惡劣的還剩一張嘴巴沒溶掉，哇啦哇啦四處討人情，卻沒人理她。」

人最理想的狀態當然是要自我實現，有餘力才能照顧到其他。他並沒有錯，妳自省，也許是妳太疲累，才會滋生極具腐蝕力的嫉羨情緒，挑剔他這裡那裡沒有做好。妳期待他像傳統家庭主婦那樣能負擔所有家務，既然小孩都送托了，處理煮食和打掃等家務應該不成問題吧？然而他畢竟是極具自我意識的男性知識分子，關心的是知識的分析、整合與再創造，而非瑣碎的家務。妳本來也欣賞他這點，現在卻變成缺點了。

或許妳和他心中還是有一把傳統性別分工的尺，在他認為，他已超過社會對男人的低標準要求，比傳統男人多付出太多了，妳應該給他掌聲才對；然而妳覺得對照傳統對女人的高標準要求，他做的家務實在不夠，還是全心在自我實現。

妳們雖然想要顛覆傳統的性別分工模式，變成男性在家，女性上班，但終究，還是不時回頭去張望傳統那把不公平的尺，而認為對方應該感謝或做得更多。懷孕、生子、育兒的過程，妳不只一次體會到父權社會對傳統女人的種種不義，在家務及育兒上，嚴重的勞役不均。

然而憑心而論，誰也不應該要求誰像傳統女人那樣付出，那是不合理而剝削的。

妳看清問題的癥結並不在他，而是妳們不該比照一般單胞胎家庭的運作模式。照顧零到兩歲的雙胞胎，就是需要至少兩個完整的照顧者，而且照顧者都必須各有喘息時間，這樣才能健全地運作下去。而一旦妳在職，妳就是無法喘息的那一位。該調整的是妳，而不是他。

於是妳訥訥地向交情不錯有「同年」之誼的詩人同事開口，請他幫妳接手高三班級，心裡留著讓他可以隨時拒絕的巨大迴旋空間，沒想到詩人同事居然毫不猶豫地答應了！他滂沛的義氣像充滿氣的救生圈一樣，適時接住被家庭責任重壓到快墜落的妳，令妳感謝不已。有合適的人選接手，校長也很快就核准妳的育嬰假簽呈了！接下來只剩如何向學生啟口的這一關要過。

妳很抱歉要讓她們在忙碌的高三，重新適應新的老師和教法、和新的導師建立關係。然而世事總難兩全，提早讓未來也可能成為母親的她們，理解女人常有的家庭與工作的掙扎，也是一種教育吧！何況來接手的詩人同事能力、才學俱佳，有機會接觸另一位優秀老師的教法，打開視野，也未始不是一件好事。

高中女生畢竟情感豐沛，在學期最後一次班會課，妳說明接下來會請假，學生們居然一湧而上哭著擁抱妳，妳在一個個溫暖的擁抱中愧疚不安，那真是教學以來最漫長的兩節課。後來她們還在期末考前製作了感人的影片向妳致意，年輕女孩的溫暖貼心，讓妳感動又抱歉。打電話給班上的家長委員，兩位母親也都很能同理妳，紛紛寬容地表示祝福——在職場上，妳真是幸運，被一群溫暖的同事、學生、家長所環繞。

原來，適時地求助，讓自己喘息，並不是那麼困難。職場上，妳向來個人主義，孤芳自賞，然而喪母、懷孕、生雙胞胎的過程中，一次次強迫妳，打開妳自負的硬殼，坦露出妳脆弱的部分，承認自己也有無法處理的困境，清楚表達自己的需求，並把後續事情安排好，組織群體也就如海水般包容，讓妳在清澈的善意中生存下來，在承平無事的時代，世人比妳想的要寬容和善許多。

由封閉變成開放，是妳在生養子女的過程中，最意想不到的轉變。某個角度來看是不能堅持原則，但生養子女必得柔軟、開放一點，才能順利存活，妳很詫異自己變成一個棄守原則的人，然而這或許是婚姻關係、親子關係甚至整個人際關係重生的開始。

總之，妳永遠感念所有包容、支持妳如此轉變的人。

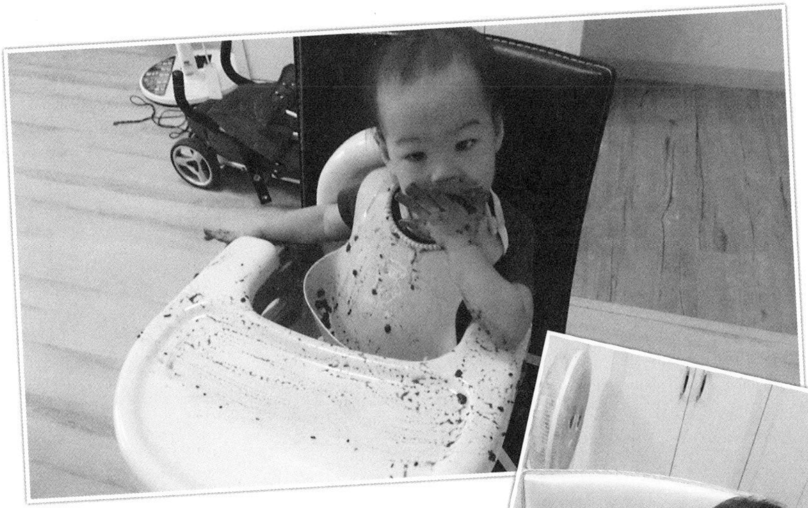

十九——夏日浮沉

1.夏陽晒進漂浮的小日子裡

學期終於結束，長假如夏陽燦亮晒進來，突然不用上班的生活，好像從地面飛升到雲端，壓力驟減。一開始有點失去重心，於是找了一些事情來忙，處理了幾件長久淤塞在心的瑣事。

首先是帶兩千去剪頭髮，兩千髮量稀少，從出生到一歲兩個月都沒剪過頭髮，早已參差不齊遮臉蓋眼，讓做媽媽的看了很「刺目」，之前太忙碌無法處理，自己剪又怕會戳傷小孩，後來同事推薦中正菜市場裡的理容院，是那種店招只有「理髮店」三個字、吊扇在天花板一轉一轉的、非常老式的家庭理容院。店裡就是一個歐巴桑負責剪頭髮，據說她藝高膽大又非常會哄小孩，可以在驚天動地的哭鬧中處變不驚、三兩下把不斷晃動的小腦袋剃出髮型來；且一個只收八十元，所以總有川流不息的客人帶小孩來剪髮。

兩千因覺新奇，歐巴桑略帶沙啞的聲線也給她們神奇的安撫效果，兩人居然都沒有哭。剪完後好像又更年輕了一點、看來又更像了！

雙胞胎剪髮、打疫苗等事情都是一趟搞定，這點倒是挺不錯。

再來開始嘗試煮晚餐。兩千一歲以後逐漸可以和大人一起吃三餐，但之前要上班太忙無法負擔煮食，老公雖然請育嬰假、白日又送托了小孩，但也要負擔許多例行家事，而且一般而論，男性面對煮食就像女性面對修水電一般，不知怎麼就是有點「卡卡的」，所以我們一直買外食度日。外食的油鹽味精多不算，放在免洗餐盒既沒質感又不環保，然而養雙胞胎實在太忙碌，照顧人力又不足，每天都只求能生存下去就好了，無法講究什麼精神面的事物。

於是發誓每天都要至少自己煮一頓。先從會做的簡單菜色做起，從懷孕末期至今已一年半沒煮飯，醬料和米都快過期了，廚藝退化成原始人，炒飯裡的毛豆沒熟、親子丼裡會吃到蛋殼、燴飯水放太多、義大利麵的麵量太龐大……當然就遭到兩千無情地唾棄，我常常一邊收拾殘局一邊很驚心地想，她們以後會不會向人抱怨：「我媽煮的難吃又愛煮！」

就算偶有成功，兩千也不見得捧場，比如精心燉煮了咖哩飯，舀出尚未調味的馬鈴薯泥淋上一點點咖哩醬給兩千試試，結果兩人都做出怪表情，用舌頭頂了出來，姊姊還長嘆了一口氣，似乎在說：「都跟你表示我不喜歡吃了，還一直餵我吃，身為嬰兒，我能怎麼辦呢？」兩位口味侷限的臺妹，讓我有種「自古多情空餘恨」的感覺。

後來敬謹地參照食譜來做，每天做也就有點進步。也慢慢了解嬰兒的口味清淡，喜歡微甜、微酸的滋味，而且口味變化不能太超乎她們的經驗。逐漸研發出新菜色，像日式親子丼、壽喜燒蓋飯、海鮮燴飯、水餃、火鍋……等等，她們倒還算喜歡。不太喜歡吃粥類，大概在公托每天都吃大鍋粥吧！水果則來者不拒。住在南臺灣最好的地方就是水果種類多又便宜，品質又好，現切現吃簡單省事，好吃又營養。整個夏天，她們就不知嗑光多少顆西瓜、芒果、火龍果，這一點就幸福過許多住在寒帶地區的嬰兒了吧？

其中紅肉火龍果是絕對要小心避免給兩千吃的，因為她們喜歡自己動手抓來吃，但抓的能力又不成熟，總會吃得滿臉滿手紅豔豔的汁液，很像恐怖片畫面，而且吃了紅肉火龍果，屎溺都會變成紅色的，看起來也怪可怕。

至於西瓜，兩千一看就想吃得抓狂，完全等不及大人切塊挑籽，兩人可以大啖掉四分之一顆；芒果也甚得兩千歡心，姊姊因為太喜歡吃芒果，吃完還抓起餐盤舔，舔得滿臉都是芒果汁；妹妹更會拿芒果皮擦臉來個芒果美容，整張臉於是布滿黏液，像被《倩女幽魂》中樹妖姥姥的舌頭舔食到，那樣噁心和恐怖。

給兩千自己吃水果需要很大的勇氣，途中會傾倒餐盤無數次、水果掉地無數次、手臉和座位塗滿水果、吃完後要洗兩隻的嘴臉和手爪、換衣服、擦座位和地板，清理的過程中還要防止先洗乾淨下桌的那位不停撿食地板的食物——比餵她們吃更忙！

然而我們的教育主張是盡量讓她們自己來，寧可收拾殘局也要讓她們體會到自己來的樂趣，如此訓練下來，大概到一歲九個月左右，她們的進食能力就很好了，會自己用湯匙、叉子，還會端起碗來喝湯，和親友共餐時大家都很神奇，不到兩歲的兩個小孩，這麼會自己吃飯。

2. 玫瑰疹亂流

七月中姊姊突然發高燒，一下就飆升到四十度，凌晨十二點，她因為高燒而不斷呻吟，我們抱著燒得滾燙的小孩，內心焦慮如鐃鈸銳響，最後決定由老公抱著姊姊去急診，我在家照顧妹妹。凌晨一點老公才回家。急診醫師照X光檢查排除肺炎可能性，也找不出原因，只開了退燒藥和塞劑。隔天我們都累癱了，所幸妹妹沒事被托嬰中心收下，可以略微喘息。

姊姊便留在家裡休養，她發燒不舒服就很浮躁，整天哭鬧，也不想吃飯，只吃奶和西瓜。晚上妹妹回家我們還得很小心地區隔兩人。週末托嬰中心放假，我就拎著妹妹回娘家隔離，老公在家獨自照看姊姊。

燒了三天，疹子一出，皆大歡喜，原來只是好發於嬰幼兒的玫瑰疹，疹子出完就沒事了。只是小孩發燒時，父母總會盡往壞處想，甚至浪費急診醫療資源。其實都是因為害怕失去。那麼脆弱、可愛、以血淚乳汁哺育大的寶貝，任何一點失去她們的可能性，都不是我們能夠承受的。

然而生命總有風險，再怎麼小心謹慎，都有危機竄出的罅隙。養育兩千的過程中，一次次遭受疾病的煎熬，逐漸讓我生出一些體悟：小孩不能只當作細瓷來呵護，否則只能囚禁在家作父母的玩器。除了協助抵擋致命危險外，如何在一次次危機中，鍛鍊出自體的抵抗力，學習冷靜正確的處置方式，生命才能更強壯有韌性。

兩個月後，妹妹也發玫瑰疹，有了姊姊的作戰經驗，這次我們就沒那麼緊張，靜待發燒三天後出了一身疹子，妹妹又恢復昔日生龍活虎的樣子了！養獨生子女的父母只需作戰一次，養雙胞胎則總在密集的時間內要出征兩次，長久這樣練兵下來，逐漸發現我們比養獨生子女的父母要神經大條很多，也比較不會患得患失，因為早就飽經憂患了！

3. 展開人生首航

兩千在姊姊發玫瑰疹時，命運大不同：姊姊在家無聊養病，妹妹到外公家的大樓公共設施泳池展開人生首航。

妹妹穿上我買的嬰兒泳裝非常可愛，這嬰兒泳裝是兩截式的，褲子可以防水，避免小孩尿尿在泳池裡，儘管聽說在兒童池裡尿尿的小孩所在多有，不過我們還是小心不要給泳池「加料」下去。

本來擔心妹妹會怕水，一個臺階一個臺階帶她浸入兒童池中適應，沒想到她過沒多久就笑逐顏開，抱著泳圈在水中四處亂跑，而且跑得可快了，一直想越過寶寶池的柵欄往深水池去，讓我跪在淺池裡追得膝蓋都紅了！抱她上岸時還很不情願，回家後食欲大開，吃了大半個芒果和麵包，晚上回家一坐上車就睡了。

姊姊玫瑰疹痊癒後，我們讓她也跟妹妹一起下水游泳。結果姊姊害怕地抓著大人，口中哼哼叫著，很想離開，後來看到整個兒童池的小孩們都在笑鬧，了解到這是遊玩的場所，才逐漸放下心來，但只是杵在那裡不動，妹妹則一下水就一路瘋玩，走得離我們越來越遠，彷彿沒有父母也沒關係。

妹妹的個性是愛冒險、超好奇，哪邊刺激往哪邊去，從來不畏懼任何事物。姊姊則小心謹慎，深怕不小心就翻覆，走動距離始終離父母不遠。性格決定命運，也許這會是她們日後人生道路的縮影。我和老公常開玩笑說，我們以後要靠姊姊養老了，妹妹一定是會坐飛機就跑到天涯海角四處闖蕩。

後來因為妹妹對成人池十分好奇，就抱她過去試試看，姊姊見狀也要跟來。我跟老公就把她們都抱到成人池。腳觸不到地，兩千很快就學會抱著泳圈漂浮了！妹妹一開始很開心，後來就不耐一直漂浮，只好再把她抱回兒童池滿池亂竄；姊姊則穩穩漂浮，完全不用大人扶，成熟的平衡感讓人難以想像是才一歲三個月的嬰兒，在深水區她也是一動不動，非常安於漂浮的狀態。

妹妹愛冒險卻容易翻覆，姊姊小心謹慎闖不出既定範圍卻平衡感絕佳。無法評論哪一種性格比較好，然而同樣的胎盤、同樣的受精卵，卻孕育出截然不同的生命型態，養育同卵雙胞胎，時常會令人讚嘆造物的神奇。

也讓我自省，是否不夠尊重她們的獨立性？我常因為外型酷似，出門把她們打扮得一模一樣，引來外人的注目讚嘆，那是雙胞胎父母在疲累中最大的樂趣與報償。然而，她們其實是兩個截然不同的個體，讓外人混淆而頻繁追問「誰是姊姊，誰是妹妹？」「妳是誰？」，其實對她們是很不禮貌的。

電影《寶米恰恰》講述的就是同卵雙胞胎姊妹被心儀的男孩誤認而非常受傷的愛

情小品，愛情是私密而個人的，如果只被酷似的外型誤導而無法辨認出靈魂獨立的形貌，這樣的愛情，還值得珍重嗎？

或許，我應該更擺脫外人的目光，讓她們更展現迥異的自我，至少，以後不再遭受被戀人誤認的痛楚。

二十——新手父母的蟬蛻之旅

從盛夏到初秋，我們像果樹一樣滿懷纍纍的心事，沉甸甸地壓在每個小日子裡。我唯一的妹妹要嫁到日本東京，我們必須攜帶兩隻吃奶小娃遠赴東京參加婚禮。因母親已亡故，若我再不前往，妹妹的婚禮將只有父親一人參加，非常冷清，而且我們也不放心讓六十五歲的父親自助旅行出國，加上我從疑似罹癌到懷孕到現在，已整整三年半沒有出國遊玩，也很悶。婚禮訂在雙十連假，屆時她們一歲半，我們天真地以為將會比較好帶吧！旁人聽說帶兩個一歲半的小娃出國自助旅行，都倒抽一口冷氣，說我們好大的膽子！

去東京前雖然妹妹又發玫瑰疹，姊姊也感冒，還好上飛機前都痊癒了，氣象預報中會來的颱風也沒有來攪局，我們一家還是順利坐上飛機，真是非常幸運。

上了飛機，兩千在我們腿上扭來扭去，怎麼也不肯安靜下來，這個年紀的小孩還不會看書或看卡通，給她們準備的玩具也不夠熬過四小時的航程。後來是空姊通融讓她們睡在我們所坐的第一排地板上，還給她們鋪好毯子，像兩隻小狗一樣偎在我們腳邊，總算沒有一直吵到其他客人。

牽就婚禮地點，住在品川車站前的大飯店，為了帶小孩方便寧願多花點錢住檔次較高一點的星級連鎖飯店。之前很努力地研究房型、溝通確認，訂到坪數較大的邊間，有兩面落地窗，視野絕佳，可以遠眺東京鐵塔。飯店很貼心地在床上加裝護欄以防小孩摔落，房裡還有一張沙發床更添機能性。還好訂到了好飯店，像子宮般舒適包覆了疲累不堪的我們。父親的房間安排在我們隔壁，方便老人既能安靜休息又能跟家人緊密連繫。飯店還設有水族館、保齡球館、游泳池等設施，雨天時帶小孩都很方便。缺點只有品川站是個單純的轉運站，商店晚上九點都打烊了，小孩睡了以後也沒什麼逛頭，只好乖乖睡覺。

兩千一進飯店就非常興奮，爬上爬下、亂拿電話、按保險箱、搖晃護欄，我們趕緊把電話線拔掉、杯盤熱水瓶都收好。出國前我們即在日本亞馬遜網站上訂好明治攜帶式奶粉磚及大王尿布寄到住處，就省了不少行李空間。這奶粉磚很便利，一袋有五顆，一顆可以沖泡四十毫升的奶，省卻量奶粉的麻煩。日本物質文明之細膩發達，可見一斑，不過，也就比較不環保。

身為異國新娘的我妹，其實很辛苦，婚禮前除了打理自己，還要打理親友的食宿交通髮妝，交代禮俗差異，甚至婚禮前一天晚上還跟我通電話到深夜十二點，再次確認各種細節，都不用睡美容覺了！

所以我們以盡量不打擾我妹為原則，自行規畫遊玩行程，帶著一家老小坐山手線去「上野動物園」，坐山手線從品川出發只需二十分鐘，一出站再走五分鐘就到了。

那天天氣很好，林蔭處處、到處都有椅子坐，讓同行的父親很放鬆，兩千也像小動物一樣在裡面竄來竄去很開心。富裕國家的動物比較好命，都被飼養得很壯、毛色很漂亮，生活環境也寬敞乾淨。第一站先看到該園的明星動物貓熊，貓熊剛好睡著，卻有烏鴉不斷啄貓熊的腳干擾牠睡覺，很多小朋友看了在一旁發笑；貓熊旁就有一個紀念品「銷金庫」，一開始妹妹是在推車上睡著的，姊姊則站在銷金庫前就不走了，一直想要貓熊玩偶，真精明。因為父母也心情大好，就給她買了一對雙胞胎貓熊玩偶，姊姊接到貓熊玩偶瞬間綻放出極為燦爛的微笑，然後玩了一陣，就丟到地上失去興趣了，這年紀的小嬰兒常常有喜新厭舊的敗家子行徑。

然後又看了一陣北極熊和猴子，兩千出生以來因為出門不便，從沒到過動物園，沒想到人生第一次去動物園，就是到上野動物園，真好命。

動物園中的親子餐廳很適合帶小孩用餐，洗手檯的高度較低，也有兒童椅和餐具，還有賣大人的麵與小孩的燴飯一組八百八十日圓的套餐，讓媽媽不必從碗裡分東西給小孩吃，口味可以更有變化，真是貼心。廁所裡則都有架住小嬰孩的座椅，方便一個人帶小孩的媽媽可以放心上廁所，因此整個動物園都是帶小孩來玩的幼稚園老師和家長們。反觀高雄的動物園，餐廳竟然沒有兒童餐椅，廁所也沒有設小孩座椅，路面凹凸不平妨礙嬰兒車推行。木柵動物園的餐廳雖然設備好上許多，但數量仍不足，帶小孩去若排不進餐廳，只好買便利商店的食物就地坐著吃。臺灣的動物園，什麼時候能像上野這樣，把帶小孩的每個環節都設想得面面俱到呢？

還有一天包車去看我妹的租屋處，順道去了川崎市的「藤子不二雄博物館」，因為也是觀光熱點，排了長長的隊伍才走進去。我們一開始抱著小孩在底下看手稿，不過小嬰兒其實看不懂，就很不耐煩。後來到博物館的戶外廣場以及遊戲區去，兩千就玩得很開心，可惜之前已在展覽區耗去太多時間。

不久颱風終於接近日本，下起雨來，我們就改推著兩千到飯店水族館看海豚海豹表演秀。從來沒看過動物表演的兩千非常好奇，張大眼睛安安靜靜地觀看。

如此當兩千的「伴遊」，完全沒有大人自己的行程。悶了四天後，老公想趁回國前去一趟秋葉原。從飯店簡介得知，他們也有提供付費托育服務，有遊戲室及專業保母幫忙帶小孩，所以我們就商量由我和父親帶小孩去遊戲室玩，老公去秋葉原逛個兩小時再回來。

沒想到這個遊戲室是不准家長跟進去的，我們一開始也沒研究清楚，兩千一被抱進去就大哭不止，一群溫柔的日本保母把她們團團圍住，嘰哩呱啦地講日文安撫，然而兩千還是非常驚恐，好像跟父母生離死別了一樣，兩三分鐘後我和父親就趕緊接回兩千。想想要是我是嬰兒，突然被丟到語言不通的環境，縱然有再多玩具、再溫柔的大姊姊，我也會飽受驚嚇吧！只能說新手父母又在語言不通的異國，很多狀況都搞不清楚，真是對她們很抱歉。

受到驚嚇的兩千變得分外黏人，後來是到一旁的遊樂場給她們坐投幣式搖搖車，才逐漸平靜下來。雖然老公中午就回來接手，但我父親到了晚上，因為白天太過疲勞情緒也快崩潰，一直嚷著要吃麥當勞或便利商店就好，而不願等我們尋覓餐廳。總之如果照顧者不夠多，帶一歲半的嬰兒出國是不能隨心所欲去自己想去的地方的。

新手父母出遊就是一個不斷剝除過去自我的過程，我和老公沒生小孩時出國自助旅行多次，已發展出一套固定的模式：全程走路或坐地鐵，去看展覽、購物、逛書店、吃當地小吃、體驗當地的庶民生活……以上種種玩法，全然不適合於帶小嬰孩的狀態。因此這一趟帶兩千出國，跌跌撞撞、錯誤百出，時常讓小孩累到、餓到，或驚嚇到，我們自己也很震驚和愧疚，就像裝備尚未準備好就突然潛入海底的菜鳥潛水者，突如其來的重壓和缺氧，讓我們頭暈心悸、喘不過氣。

懷抱兩個一歲半的嬰兒出國，其實要非常安穩小心，所有變數都要控制到最低，也不要想能像過去一樣隨意走逛。我們自以為是老油條背包客，卻沒想到抱襁褓和背背包完全不同，所有的欲望和「我執」都應拋棄掉，全然以小嬰孩為出發點去想事情，每個環節都要細想，小孩愉快了大人才有好日子過。

幾乎等兩千快兩歲時，我們才逐漸對如何帶小孩出遊有點概念，然而我們不像小孩一個一個來的一般父母，可以在養老二時校正養老大時發生的錯誤，我們已沒有（也不想有）校正的機會，而且每一次的錯誤決定，產生的痛苦指數都要乘以兩人次。

撫養雙胞胎的責任重量，迫使人一定要反省自身欲望、調整自我積習，完全沒有可以閃避的空間，就算想臨時托給誰一下，也沒有人敢接手。然而，對許多事情也就越來越豁達了，買或不買、去或不去、吃到或沒吃到，逐漸都變得雲淡風輕，雙胞胎父母經常會修煉出隨緣自在的禪心，也只有具有禪心，才能負荷這樣的生命重量。我們也就在這樣的修煉中，逐漸脫去欲望的厚繭，蛻變出嶄新的自我。

二十一——咳唾成珠

兩千一歲半之後，語言能力突飛猛進，會說的單詞越來越多，一歲七個月後，姊姊說出了人生第一個句子：「ㄐㄧㄚ什麼？（這是什麼？）」經常問，而且越說越清晰。有天早上醒來，姊姊拿著我的短褲清晰地問：「ㄐㄧㄚ什麼？」我回答她：「這是媽媽的短褲啊！」母女間居然有了對話，真是不習慣。小娃會說句子，就好像越來越有靈魂了，感覺親子的心靈又可以更接近一些，不若之前，像豢養小動物般，只能盡力滿足其生理需求，卻無法了解那軟軟的身軀中有什麼想法和感受。

如果模仿《世說新語》的方式逐條記錄下她們的奇言軼行，可以得到許多令人莞爾的「嬰兒版《世說》」：

某日晚餐，姊姊把自己的飯碗摔在地上，灑了一地的飯，媽媽立刻責備她：「不要亂丟妳的飯碗呀！妳看灑了一地，誰要來幫妳收？」姊姊居然說：「把拔。」爸媽頓時又氣又笑，真是人小鬼大，才一歲半就會推諉責任。

某日吃飯，妹妹不吃自己碗裡的肉了，姊姊則吃完自己的份還想吃。爸媽便問妹妹：「妳把肉給姊姊好不好？」

妹妹很爽快地說：「好！」

媽媽再問：「那把妳挪得跟姊姊近一點，妳自己拿給她好不好？」

妹妹堅決搖頭說：「不要！」

媽媽給她洗腦：「姊姊是妳最好的朋友耶！」

妹妹：「為什麼？」（不以為然貌）

妹妹本來可以自己躺著喝奶，但常撒嬌賴在父母身上要人家抱著喝奶，後面還要墊個枕頭才覺舒適。某日爸爸抱著她喝奶，她突然說：「枕頭！枕頭！」意思是：「快幫本姑娘拿個枕頭來墊著！」不到兩歲就很會使喚爸爸了！

姊姊中午吃到爸爸分給她吃的蓮霧，很大聲地說：「好吃耶！」上一秒爸媽還因為她任意打翻碗而生氣，聽到這話又忍不住笑出來。

帶兩千去任教學校跑跑，姊姊被一隻黑狗追，一路大叫：「把拔！」把拔把她抱起來快速逃離，黑狗還跳起來作勢撲她，狗主人在旁拚命解釋說：「牠是喜歡小孩才這樣啦！」可是姊姊還是一路大叫，終於脫困時，姊姊心有餘悸地一直拍肚子連聲說：「怕怕！」然後又突然憤怒起來，連叫：「汪汪！」好像要對黑狗吠回去。

姊姊半夜突然說夢話，大喊：「蘋果！蘋果！」也許是夢到蘋果想吃吧？

姊姊無意中發現從媽媽包包裡掉出來的一包嬰兒餅乾，就一直吵著要吃，情急之下吐出「打開」這個動詞；妹妹看到大人喝飲料，就會大喊：「吸！」「吸！」意思是：「借我吸一口啦！」

在大創百貨給兩千買了三十九元貼紙書，未拆開包裝先給她們拿在手上，不久她們果然就說出關鍵詞：「打開！」

凌晨一點到兩點間，姊姊醒來後翻來覆去睡不著，媽媽問她：「妳肚子餓了嗎？」她被猜中就很高興地笑了，於是媽媽起來幫她泡奶。她跟到廚房來看，突然冒出一句：「謝謝。」喝完一百二十西西她才心滿意足地睡去。媽媽雖然累到快彌留了，但被這一句「謝謝」所感動，又猛然醒轉人間。

兩千甚為愛惜自己，手髒了會伸出手來說：「手！手！」要大人給她們擦手；

流鼻涕時會說：「鼻涕！鼻涕！」叫大人給她們擦鼻涕。一頓飯常重複此類事情十餘次。

相信每個父母如果記錄下來，手上都會有一本像這樣的嬰兒版小《世說》。小孩子常有天啟似的語言，大正時期的日本童謠女詩人金子美鈴，雖然被丈夫禁止寫詩，仍然著迷三歲女兒的天啟似的語言，於是蒐集成《南京玉》一書，「南京玉」在日文中是玻璃串珠，意指女兒的話如同串珠般，一句一句真可愛，所以她要一句一句記下來。

在多情父母的眼中看來，孩子的語言也都像南京玉一般晶瑩可貴吧？

兩千初時只會講短詞，一歲十個月左右，句子也慢慢出現，開始會說：「媽媽煮飯」、「妹妹有鼻鼻（鼻涕）」等較長的句子，而且會自己變換賓語，像是「還要書」、「還要抱」、「還要吃」「還要便便」……等，很符合語言學大師喬姆斯基（Avram Noam Chomsky）所言，孩子必然天生帶來一個解析全世界語言的藍圖，即普遍語法（Universal Grammar），讓孩子可以從父母的語言中把文法提煉出來。人類語言的文法規則是有限的，可是人類卻能以這有限的規則，創造出無限的全新句子來。這便是嬰兒勝過機器人或其他動物的地方。

然而會說話代表自我意識逐漸成形，短促、洪亮而有力的「還要」、「不要」變成她們最愛說的詞，收走食物時，姊姊會一直哭鬧說「還要」；給妹妹換尿布時，妹妹就一直反抗說「不要」，反抗的意志鎔鑄成堅定的語言，一次次擊得爸媽毫無招架之力。後來看看發展心理學，發現一歲多的小孩是喜歡講「不要」來表達自己的意志，「自我」就是意味著否定別人的索求。兩千說「不要」時，會皺眉搖手，連續且大聲地說「不要、不要、不要」，好像一根強韌的芽奮力從渾沌的土壤裡探出頭來，逐漸要萌生出自己的意志、思想和語言，讓我時常忡怔那生命力量的強大而忘了責備她們。

小娃依舊可愛，只是不再如初生時那樣天真懵懂，水潤的雙瞳開始閃現調皮的眼神，短促的語言則流露強烈的自我意志。

她們會說更多話後，逐漸我也就不再大驚小怪。父母總是自作多情，以為小孩是天才兒童，其實這些都不過是發展常見的現象。無怪臺語俗話說：「生一個囝仔，講三年白賊。」父母當珠玉一般撿拾起來的嬰兒金句，旁人看來都很平常吧！但我還是忍不住一一記錄，當作永久私藏的珍寶。

二十二——尋找新樂園

小孩會走路以後，除了生活照顧外，現代父母最重要的任務還有幫她們找樂子。

兩千一歲半後，行動大躍進，小胖腿健步奔跑的速度很快，也喜歡爬高爬低、搖晃身體。假日整天在家時，我們一天便需要安排上下午兩次的戶外活動，以消耗她們的體能，回家才能好好入睡。另一方面我們也擔心帶去賣場、遊戲館等室內公共場所容易感染疾病，所以活動地點以戶外為主，希望她們多運動、晒點太陽，可以長得高一點。

所幸高雄氣候晴朗溫暖，下雨的時候不多，冬天也並不冷，一年四季幾乎都可以做戶外活動。相較於寒帶國家或是多雨的北部，住在高雄實在太幸福了！臺北的同學說，假日他們最常帶小孩去的地方是百貨公司，多雨、冬季又寒冷的臺北，帶著小孩只宜做室內活動，所以不免花去大量的金錢在百貨公司的遊樂場，臺北居真是大不易。

然而家住市中心，不若鄉下人家那樣門一打開就是空地，我們只好不斷開車找尋地方遛小孩。這一點，兩千又不若小時候住在恆春鄉下的我那樣幸福，我童年的時候因為父親工作的緣故住在恆春鎮，三十多年前的恆春還未怎麼開發，樸拙寧靜，門一打開就是荒草地，還看得到水牛的身影，鄰居的小孩吆喝一聲就出去玩。假日爸媽會帶我們到海灣戲水、玩沙，三十多年前的墾丁海灣，原始而天然，沙灘白燦燦的一片，純淨而夢幻。我跟妹妹在鄉下野放得黑而精瘦，像是把大自然的能量都儲備進來一般，小學四年級後搬到都市，我們依然結實健康，靠著童年累積的能量安然適應都市學校生活的激烈競爭。

以養小孩的角度來看，鄉下反而比都市輕鬆、健康些，父母不需要那麼提心吊膽、寸步不離，也不需要那麼多玩具。大自然裡的一草一木都可以讓孩子們玩很久，更重要的是有鄰居可以當玩伴。雖然鄉下醫療資源相對不足，然而健康生活下的小孩也比較不容易生病。有時想想自己前半生那麼煞費苦心地擠進市中心蛋黃區工作買房，市中心卻是最不宜於養小孩的環境，人生所求究竟為何？感謝小孩又把我的價值觀整個顛倒，撼動被文明蔽障的視野。

兩千不但撼動了我心中「都市／鄉下」的排序，也動搖了我對「熱門／冷清」景點的看法。市中心最熱門的遛小孩景點是一些知名公園綠地、百貨商場，比如文化中心廣場、衛武營都會公園、夢時代百貨摩天輪及遊樂場、大立百貨頂樓海盜船……等等。然而實際運作起來，越冷僻無名的小學遊樂設施、沙坑，冷氣永遠比人氣強大的博物館、圖書館、展覽館，帶小孩反而相對輕鬆，無需擔心閒雜人等以及個頭大的小孩會把兩千撞倒，親子雙方都能好好放鬆，真正是遛小孩也遛自己。那些無名、幽靜而曲高和寡的小地方，反倒是最好的親子樂園。

逐漸也就摸索出晴天行程和雨天備案、冬季／夏季、半日遊／一日遊等種種專案，帶兩千遊遍了高雄市區小學、公部門遊戲館、圖書館，行過沙坑，游過泳池，搭乘高捷、高鐵、愛之船、駁二特區蒸汽小火車，看動物看飛機看表演看畫。雖然帶著兩隻小妞出門要帶尿布衣物圍兜水壺，像拖著兩個鉛球過河，到哪裡都要擱淺，但待在家裡精神躁鬱，兩小妞到最後互拉頭髮打架，往往更讓情緒觸礁。所以只要不是狂風驟雨的惡劣氣候，我們假日能出門還是盡量出門。

她們會自己看書就好了！

陪伴兩千找樂子的過程，我不只一次這樣想著。養育小孩的辛苦除了生活照顧上，還有心智程度上的落差，父母必須不斷調降自己的心智程度來和小孩交流，綵衣娛親。對於我和老公這種閱讀中毒者來說，完全放空地跟小孩嬉耍，短時間還可以，長時間就會不耐煩。偏偏兩歲以下的小孩，還沒發展出社會性，不太會跟其他小孩互動，又尚未認字不會唸書，只好整天纏著照顧者。

當然也反省自己，閱讀是否太侷限在書本上了？出版人郝明義先生對此問題思考最力，他在《越讀者》中指出文字、書籍的出現，在人類演化的四百萬年歷史中，不過是幾千年的事，在這之前，人類透過聲音、圖像、氣味、觸感仍可「閱讀」。他說：「書籍出現的好處是，把文字的傳播力量做到最大的擴散；壞處是，我們容易疏忽，——甚至，貶低——書籍以外的知識來源。」

我很認同他的觀點。小孩其實是無時無刻都在閱讀，只是不倚賴文字，她們用嘴、用手、用耳朵、用全身的感官在閱讀；我跟老公也是無時無刻都在閱讀，只是主要靠文字。我們跟兩千只是閱讀的媒介和密度不同，並非真有那麼大的落差，所以要試著轉換媒介，適應密度的降低，如此，便不會那麼不耐。

不過畢竟被文明拘限已久，要驟然打開耳朵鼻子舌尖皮膚來閱讀，對書蟲如我還是不太容易，只好選擇和文字最接近的「圖畫」為共讀媒介。兩千一歲半之後，開始不再只是撕書咬書，而會靜下來看圖聽故事，唸繪本就變成親子交流中很愉快的時光了。我四處尋覓適合她們的繪本，早期以五味太郎、艾瑞・卡爾（Eric Carle）等圖多字少的繪本為主，逐漸可以讀以情節為主的「小波系列」、「斑斑系列」、「米米系列」、「小雞系列」等繪本。小孩的閱讀和成人很不一樣，圖像給她們很大的滿足，一定要就著圖講情節，不能一味照著文字來唸。

兩千最喜歡的繪本是日本繪本家工藤紀子的「小雞系列」繪本，取材自日常生活，如逛超市、過生日、露營、過耶誕節，人物性格就是如同一般小孩的頑皮活潑，工筆細繪仿若「清明上河圖」，每部分的圖像都有故事，每一次閱讀都會有新的發現。我們買了全套，讀了不下數百遍。

閱讀過程中，也時常有許多有趣的互動，比如讀《小雞去露營》時，問姊姊「想不想去露營」，姊姊就說「不要」。問她「為什麼」，她說「我怕蚊子」，充分展現宅女本色。

又比如第一次讀《丹丹扮鬼臉》時，我邊講邊學丹丹扮鬼臉嚇兩千，妹妹笑得差點跌落沙發。

兩千因此很愛聽書，常常從書架拉下自己想讀的繪本，逼迫大人唸給她們聽。我們有時懶得唸，她們就更發急，這樣下去，也許學會注音後就迫不及待想自行閱讀了！我清楚記得自己小學二年級時終於學會用注音讀句子時，那種開闊光亮、興奮到喘不過氣的心情，立刻拿出家中的故事書，一本本自己讀起來。我父親說，從那時起，他就覺得輕鬆很多，只要負責提供精神糧食就好了，不必再整天幫我找樂子。

小孩會不會自行閱讀，是親子關係很重要的里程碑。在此之後，小孩的心智發展將一日千里，甚至超越父母，所以父母最好也能保持非功利性的閱讀習慣，才能保持開闊的心胸接納小孩，真正跟小孩對上話。我很幸運擁有喜愛閱讀，一直能跟我對上話的父母，成長過程中就是不間斷地跟父母提出問題、討論、思辨、獲得解答，在體制中也就因為能清楚地理解別人、表述自己而較輕鬆地生存下去。

其實無論夫妻、同事、朋友等哪一種人際關係，只要能暢所欲言，大抵就還不壞。不過人對言論自由的容忍度通常比自以為的還要低，特別是長官對下屬，老鳥對菜鳥，父母對子女，關係往往也就凝滯淤塞、終至壞死。

所以我總警戒自己要有開放的耳朵，讓兩千在成長過程中，總能和家人開放對話，而不再流離失所。希望她們因為能準確表達自己、理解他人，而能更順利迅速地尋求到，讓自己身心安頓的樂園。

二十三——兩歲時代

1. 我畢業了，謝謝大家！

老一輩總說，養孩子只要熬過兩個夏天、兩個冬天，就能逐漸輕鬆了。兩千剛出生時我們想都不敢想能迎來這一天，沒想到冬天一過，春暖花開的時節，兩千也就滿兩歲生日了！我們買了「方師傅」的四吋小蛋糕，在兩千外公家平靜度過。她們每次生日都令人百感交集，照顧小小孩（特別是雙胞胎）的每一天都像一生般漫長而豐富，充滿了兇險和甜蜜。

兩歲是個關卡。在臺灣的托育制度下，兩到三歲的小孩其實像孤兒。公立托嬰中心只能收到兩歲，接下來只能送私立幼兒園的幼幼班，或是送保母，公立幼兒園只收滿三歲的小孩，還只能上「半天班」。

設有幼幼班的私立幼兒園其實不多，因為照顧比訂在一比八，開班成本較高，名額也就不多。熱門一點的幼兒園都要提早註冊卡位，我同事在下學期的六月去問，就沒名額了！雙胞胎一次就要兩個名額，更需提早布局。我在兩千一歲三個月左右就四處去參觀和留資料，最後選了家附近的老牌私立高中附設的幼兒園，主要看上校地寬廣和經營完善，且設有高職幼保科，一到三月我就早早預付訂金搶下名額。

到了七月底，鳳山公共托嬰中心便為兩千這一輪的孩子們舉辦盛大的畢業典禮，祝福她們邁向另一階段的旅程。老師們訓練她們說：「我畢業了，謝謝大家！」她們在家便常高聲說出這句話，說得興高采烈毫無心肝。倒是老師們頗見離愁，最後的一個月給她們開心玩水、訓練表演畢業歌舞、還為她們拍畢業照、製作畢業證書，十分用心。

因為對孩子的感情，她們做出比本分還要多出好幾倍的工作，對這間托嬰中心的老師，我只有無限的感恩。

其實托嬰中心老師是所有階段老師中最辛苦而得不到應有回報的。這個階段的孩子沒有記憶，往往離開後就不記得老師，不像其他階段老師的學生，還能記得老師們的付出而至少寫張卡片，薪水更是低得和付出不成比例。和裡面的行政人員聊過，托嬰中心老師的月薪在兩萬二到兩萬六之間，我們聽到嚇了很大一跳，這麼辛苦的工作，一個人照顧五個小孩，把屎把尿餵奶餵藥，還要設計課程陪玩，既是體力活，又是專業工作，風險又高，一個月才賺這麼少錢！從懷孕到小孩送托的每一個環節，從醫護人員到托育人員的薪資，我都覺得低到太糟蹋專業人才，臺灣的低薪問題將造成人才流失，會是嚴重的社會問題。

同時我也滿懷感恩，這些專業人員付出的遠比他們得到的薪資多太多，因此對兩千成長過程中每個階段的照顧人員，我都曾送上禮物或卡片表達心意，完全不是應酬，而是真的感激不盡。

兩千畢業後進入幼幼班，又是一番苦戰。不像兩、三個月去托嬰中心時還不會認人，兩歲三個月的兩千已經有分離焦慮，年紀又還沒大到像三歲小孩那樣，可以用言語說服她們。剛上幼兒園的前兩週每天都像生離死別，每天我跟父親像詐騙集團那樣，連哄帶騙把她們送進教室，餵她們吃早餐，然後趁老師帶她們去玩耍時趕緊離開，機靈的她們總是立刻發現而放聲大哭。我跟父親狼狽逃離，自責不已，每天都要下很大的決心才離得開。

所幸整個幼兒園的行政老師都來支援，有專人特別照看兩千，她們也成長得很快，兩週後就不哭了，後來甚至每天很開心要去上學，車一開進校門口就大叫：「這是我的學校呀！」每星期的玩具分享日也都不忘記從家裡帶玩具去學校獻寶。她們還很巴結老師，見到老師總是未語先笑，老師交代要交的照片、作業一定都準時做好親手奉上。

2.兩歲貓狗嫌

俗話說：「兩歲貓狗嫌。」（也有一說是「三歲貓狗嫌。」大約兩、三歲的小孩都是不可理喻的。）兩千兩歲後自我意識更強，各方面的能力更好，在家就是不斷胡鬧和搗亂，比一歲以前更不好帶。她們的情緒很容易不穩定，一點小事就讓她們抓狂，比如吃麵，幫妹妹用剪刀剪碎，妹妹就哭：「要吃大麵麵！」（意指要吃未剪過的長麵。）跟她說明麵不剪碎會噎到，她卻怎麼也聽不進去，摔湯匙摔碗，把食物都灑出來，老公只好把她抱到陽臺上吹風冷靜。

玩馬桶裡的水、打開媽媽錢包把零錢一塊塊掏出來、把放在桌上的杯子「啪」一聲打翻、尿尿在地上、在牆上及衣櫃上亂塗鴉……因為同時有兩隻貓狗嫌的小孩，往往我們收拾了東邊西邊又肇事，她們在家時我們就是一直團團轉。兩姊妹從早到晚都在打架、搶玩具、互拉頭髮互咬，連假帶完幾天小孩後，我們的身心都有被卡車輾壓過去的感覺。我有個單身女同事說，如果小孩能從嬰兒階段直接跳到十二歲，可以跟她互相聊天分享心事，那麼她就很樂意生養。

我笑她：「如果到十二歲才養，小孩也不會跟妳互相聊天分享心事了！」我始終相信，對於小孩應該無論好、壞的一面都承受，才能建立深厚的關係，沒有什麼階段是能pass的——雖然累到極點的時候我也很想。

3. 溫馨接送情

兩千滿兩歲，老公也休滿育嬰假必須復職了，接送和家務都必須由我一個人擔起，我父親很不放心我一個人接送兩小妞，每天都坐二十分鐘公車來我家幫忙送小孩去托嬰中心，如斯度過五、六、七月，直到八月小孩上幼兒園，他還是不放心，依舊風雨無阻來協助接送。父親給我的愛總是源源不絕，我能養成大致穩定、正向、信任別人的人格特質，全然得感謝我父母這種絕對關愛到底的教養態度。

在每天來回四十分鐘的車程中，我和父親天南地北聊起來。上大學後從來沒有像這樣，每天和父親深度交談著，年輕時總是匆匆，不知在忙什麼，總以為和父母的相處時間還很長。透過這樣的相處，我更感受到父親是個善良體貼的「暖男」，對兒孫就是無限寵愛，當他的女兒真是非常幸福。

然而我和「暖男」父親在帶養過程中時常起衝突，我很不滿他放任小孩在公共場所爬高爬低破壞秩序，他則覺得我管東管西管太多了。有回在高雄市政府內部附設的「幸福童樂館」，兩千在閱讀桌上爬來爬去，被我一直阻止，我父親就覺得這沒什麼，讓小孩消耗精力也不錯，我則擔憂這樣下去兩千的品行要被阿公的寵愛蛀蝕掉了！後來協調出彼此都可接受的「最大公約數」：把兩千帶出「幸福童樂館」去外面散步。

然而她們因為玩開了就堅決不願穿鞋，要光腳丫在市府走廊奔跑，我父親也附和她們，有了外公撐腰，兩千就更任性了，於是就像野人一樣光腳在市府走廊跑一圈，還在殘障坡道跑上跑下，玩得好不開心，最後姊姊在市府大門口說：「我尿尿了！」父親當場就要在大門口給她換尿布，被我強行抱到大門內閒置的宴會椅子上脫換，才挽住市府大門的顏面。

當然教育這事是人人都可說上一篇話的，何況是自己的父母！不過當下還是很崩潰，只是想到那山高海深的恩情，又不能發飆。養雙胞胎的麻煩就是總是需要他人支援，總是要跟其他照顧者磨合折衝。

和我公婆的教養衝突就更難溝通了。到底是別人的父母，又一樣有山高海深的恩情。我公婆都高齡七十多了，但凡我或老公有事，還是一通電話就坐大眾運輸前來幫忙（我若到這年歲只能托給別人料理了，哪裡還能越陌度阡來幫忙料理孫子？），背包裡還裝滿水果飲料火鍋料等想要給兒孫的吃食，臨走前還包大紅包給我們，一樣是天下父母心，令人想來就泫然欲泣。

只是他們來了就對金孫莫名溺愛，過度餵食，兩千有了阿公阿嬤的撐腰，也就更任性撒嬌，吃飯挑三揀四，玩湯匙摔碗，使喚公嬤做這做那。有一次上館子吃合菜，是口味家常清淡一點的館子，妹妹沒什麼胃口，我婆婆就對著滿桌的菜感嘆：「這間餐廳不好吃，阿嬤下次帶妳去吃好吃一點的餐廳。」頗有何曾日食萬錢無從下箸的氣派，我和公公只得相視苦笑。

有趣的是，兩千飽嘗被寵溺的甜味之後，待內外公嬤回去，我們但凡管教她們，她們便會呼天喊地尋求不在場的外援：「阿嬤！」「阿公！」讓我們忍俊不住，我這時會故意告訴她們鐵錚錚的事實：「阿嬤阿公都回去了，家裡只有我！」眼見家裡只剩嚴酷不仁的媽媽，她們就會絕望的哭嚎。

老公說當年他父母並沒有這麼慈祥，老來突然轉性。老年人不知為何特別喜歡小小孩，大約血氣既衰，看到新生命總覺得很療癒；又或者，世間風景看多了，可以寬容一點接受小孫的種種脫序演出，更顯得年輕父母小鼻小眼，氣量褊狹。

老年人的心境，是怎麼樣的一種光景？是否因為我還太年輕，所以容易對小孩的逾矩行為怨怒憂憤，而實際上，生命就如人本主義心理學家羅傑斯（Carl R. Rogers）所言，不需指引介入，即會自行向善的方向發展？是否老人和小孩，更接近生命的本真狀態而能相契，壯年的父母反而蔽障太深，而無法跟子女溝通？

二十四——守候花開

雖然每天被兩隻搗亂小獸弄得精疲力竭，然而擁抱兩個晶瑩閃亮的小女娃，又像坐擁兩顆小太陽，令人忘了歲月的侵凌、年華的流逝。她們會說話、與人互動後，更是可愛有趣，如熠熠生輝的鑽石，鑲嵌在每個平庸的日子裡。

即使仍時常在母職與自我實現中拉扯掙扎，羨慕無兒一身輕的儕輩可以無限延續青春時期的生活，談戀愛、四處旅行、美容保養、參加藝文活動……然而，小孩就是有辦法製造出許多有趣的行動和語言，讓父母開懷大笑，泉湧出愛憐之情。

嬰幼兒的形貌又總是光采奪目，從肌膚裡透出瑩潤的光澤來，閃得我們目眩神搖。皮膚Q彈可口，如同剛剝開來的白煮蛋，令人總想咬一口。姊姊的眼睛比較圓而大，身形也較飽滿，笑起來天真爛漫，常讓我聯想到《聊齋誌異》裡的美狐「嬰甯」，蒲松齡這名字取得真是好，最美的美人也美不過嬰兒，那麼無邪、寧靜、安適。妹妹的眼睛比較細長，眉峰挑高呈現鬼靈精怪的臉相，也很迷人。

春去夏來、花謝果熟，我何其幸運，孕育了燦亮的生命，見證了美的綻放。

當然我能欣賞到育兒的樂趣，是因為工作上可以請育嬰假，並且經濟能力尚能負擔，得以把家事、育兒、煮食合理地外包，老公和長輩們也很願意陪伴小孩，使母職負擔不那麼沉重不堪。

但我不能肯定，那些家人不幫忙分擔、工作上又無法請育嬰假、或是低薪難以把家務育兒花錢外包的母親們，育兒的快樂是否會打折？世界上有不同類型的「母親」，許多母親往往得自我犧牲到常人難以想像的地步，才能負擔起龐大的家務和育兒工作。但主流媒體往往只聚焦於擁有經濟或文化資本的上階層母親們，於是塑造出一個個光鮮亮麗、用心教養、家庭事業兼顧的「良母」形象，卻不能省察到如此報導是否壓迫到下階層的母親們？是否讓沒有如此資本的母親們，因為達不到如此標準而自我厭棄？另外，主流的母職論述，比如提倡哺餵母乳、或倡議媽媽自己煮食，往往也忽略掉下階層艱苦不利的生存條件，而陳義過高地鼓吹女人親自餵母乳、做晚餐。

因此說起母職感受，我必須要先坦白陳述，是外包了這麼多事務出去後，才能有如此平衡的心情。

小孩出生兩個月就日間送托七小時，家事交給掃地機器人、擦玻璃機器人、洗碗機、洗烘脫洗衣機，後來還請清潔人員一週到府打掃一次，晚餐只「做半套」（非關色情，是指炒個青菜或煮湯，其餘買外面），以爭取更多時間閱讀和寫作。

但我並不為了沒能全職照顧小孩而愧疚，因為我以為孩子最想要的，並不是愁眉犧牲常常怨懟的母親，而是開心的、自我實現的、平衡穩定的母親。關係的穩定、承諾的必然實踐，比精緻的物質和生活照顧更重要。

沒有什麼比母親的心情愉悅更重要了。有平衡的母親才有平衡的小孩。傳統的性別分工是很不均衡的，不是全職為家庭付出的母親，就是全職為工作付出的上班族，想要兼顧家庭與工作只好化身為女超人。然而，難道沒有各取一些、各捨一點的平衡點存在？

我們的教育總希望我們出類拔萃、功成名就，卻沒有教我們如何犧牲一點對「頂尖」的偏執，來平衡家庭、工作、理想、健康……等各種事物。從來都是考試前必須暫停一切人生的發展，專心拚考試就對了。於是很多人被延遲或取消了成為母親的機會，多麼可惜！使人豐富、柔軟、美好、寬容的鍛鍊就這樣在強調「發展」的功利社會中被取消了。

於是我決定要做一個「均衡」的人，對於工作、家務育兒、寫作都各放棄追求「頂尖」，然後努力平衡兼顧。我請育嬰假暫停工作，把每一天都分割成創作者、主婦、照顧者三個時段，每日書寫養育她們的感受、實現自己長久以來的心願，同時處理家務，一面帶著兩千靜靜地生活。

雖然常會忍不住想對某一邊多付出一些，尤其心無旁鶩馳騁專業領域真是很有成就感，但一想到如此將會失衡慘摔而如同斷肢般失去家庭這樣寶貴的事物，也只得按捺下來。我作母親之前常想追求卓絕，作母親之後，則不斷學習抑制這股追求的衝動，轉而朝更寬廣平穩的方向努力，對我這樣性格的人而言，這是最艱辛的挑戰。然而也因為這樣的鍛鍊，才使我終於慢下來，視野也就因此拓寬，不再只看見自己，而看見自己的孩子與生活，品嘗另一種人間好滋味。

我們在宜人的高雄秋日，帶兩千去逛高雄市勞工公園假日花市，兩千第一次來這種場合，看花看魚看得好專注。後來買了一小盆蕃茄和薄荷回家，都是老闆種了八成，回家只要澆水就可以坐等收成的那種，我們喜歡不勞而獲。

回到家後，兩千興高采烈地澆水，我們必須不斷制止才能防止小盆栽被淹死。幾天後，她們就失去興趣了，徒留苦命父母繼續照看著植物。他們父女上班上學後，我靜靜地拔去枯葉，給蕃茄立上攀緣的枝架，欣賞那新綠與初生的果實。秋陽晶亮地灑落，令我憶起幾年前，老公買了第一盆小盆栽回來時，我是多麼厭惡和恐懼，深怕自己受到一盆活物的牽絆。那時覺得生命很麻煩，養自己都嫌累了，怎麼還有可能去養什麼生物？

時光在靜默中改變了許多事物，令人驚嘆。

我很高興自己終於有了想種花的心情。

盛夏步入早秋，我的身與心終於泯滅了時差，融合在一起，不再暴烈、不再不安，可以平靜無爭地接受冬日到來。

很高興時序入秋時，我也終於成為願意守候花開的母親。

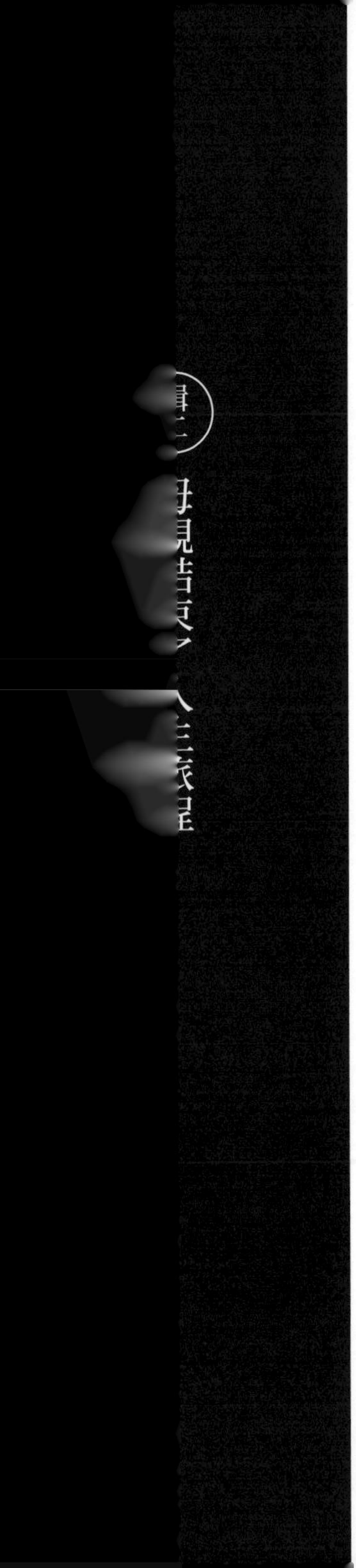

一——巨變

正當我踏上不能回頭的「母親之旅」，我母親卻在人生的旅途中突然下車。

懷孕第三個月時，時序也進入十月。十月是高雄最美好的季節，太陽終於不再那麼熱毒螫人，高雄電影節、百貨公司週年慶、大彩虹音樂節輪番綻放，讓人目不暇給。十月二十三日晚上，雖然白天上完五節課，心情還是很愉悅，盤算著哪一週要去趕什麼活動。電影節的票已買好，週年慶的DM也畫了重點，得知高美館要展出「瘋狂達利」，學校有賣優惠票，心裡著急怕票賣完，晚上就急匆匆打給母親問她要不要去看。

她說：「心臟不好，走不太動，明天要去高醫做運動心電圖檢查呢！」她要去檢查是我們之前就知道的，平日除了快走會喘也沒異狀，所以沒太多驚疑，我只說：「妳以前不是跟我去看過安迪．沃荷嗎？」她說：「以前是以前啊！」然後話題一轉，聊到我爸爸近來很怕冷，她覺得完全是心理作用，「嬌滴滴！（臺語）走到哪都要帶外套，又不記得拿好，已經丟了好幾件了。」問她上週買給她大立百貨的「溪湖葡萄」怎麼樣，她說她只吃到幾顆，洗出來都被我爸爸吃光了。「幹嘛買那麼貴的？

我這兩天買五六十塊一碗的葡萄就很好吃了！」跟她說我昨晚第一次孕吐，她嘲笑我說我也是個會吐的，叫我不要吃柑橘類的水果，會吐得更厲害。

最後她說：「妳缺不缺錢？我可以支援妳！」我說：「不會啦！我哪裡會缺錢？」她說：「雙胞胎出來，媽媽一定會支援妳的。」我笑著說不必，然後掛上電話，心想，原來只是想問她要不要買美術館的票，不知不覺就談了十五分鐘。

不料，那就是我們的最後一通電話了。

凌晨三點半，家中電話響起，令人毛骨悚然，聽來像是誰的惡作劇。我睡意朦朧賴著不想去接，後來是老公去接，只聽他說：「是，我認識這個人，她是我岳母。」然後就跟我說高醫打電話來，說我母親半夜心臟不舒服，自行坐計程車到高醫急診室，叫我們趕快去。

當下我兩腿發軟，很怕見不到母親最後一面。夜晚的高雄一片死寂，十分鐘左右我們就趕到醫院。一衝入急診室，看到母親昏迷地躺在床上，身上插了幾根管子，但是心電圖還有數據，醫生請我簽了同意插管的同意書，說母親來時血氧濃度太低，所以要插管，她自己表示願意。我勉強按捺住不斷發抖的手簽了名，無論如何也無法把字寫得端正。護士又叫我們去買紙尿布和溼紙巾，而且教我怎麼秤尿布裡的糞便和倒尿袋的尿。

我驚魂稍定，看來似乎可以拖一陣子，醫生叫我進去幫忙挪動母親，我摸到她溫熱沉重的身體，這時插管的痲藥似乎退去，母親看到了我，好像安心了許多，但是插管讓她很痛苦，一直想吐，舌頭一直吐出來，想說話又說不出來。然後她就吐了起來。護士幫她擦拭乾淨，我問護士口腔裡要怎麼清潔，她說我可以去買一種沾在刷子上的潔牙粉，不必清水就可以清潔，然後又教我去買灌食用的液狀食物。

我跟老公商量我們白天的工作該怎麼辦。我唯一的妹妹在日本工作，一時半刻也趕不回來。打電話通知爸爸，他在恆春的核電廠上班，鄉下地方半夜坐車不便，說要等天亮才坐交通車趕回來，大概早上十一點左右才能到達。我則打算找同事幫我播放本來就預定要給學生看的影片、代早上的課，讓老公早上先去上班，下午再請假回來輪替，然後，或許請個臨時看護之類，總之先過了今天再說。

既然要長期抗戰，一定要維持基本的生活秩序才撐得久。五點四十幾分左右，我們決定由我先去吃早餐，回來接替讓老公回去上班，所以我匆匆到便利商店買了御飯團、茶葉蛋以及熱巧克力，順便買了潔牙棒，就著路邊微明的天光囫圇吞下。路邊冷冷清清，只有寥寥幾部在醫院門口等生意的計程車，司機睜著惺忪的睡眼呆看著我，我忽然感到一陣淒冷的悲哀。十五分鐘後回去，母親正好又吐，我趕緊幫她清理，我跟她說：「要不要清口腔？」她搖搖頭，又跟她說：「爸爸就要回來了。」她點點頭。老公說：「妳很累吧？好好休息，不要擔心。」她點點頭，然後就沉沉睡去。

那便是我們最終的對話了。

老公離開，母親的心跳平穩了一段時間，這段時間我出去打電話到同事家請他幫忙代課，同事很義氣地一口答應。孰料回到急救室沒多久，一瞬間母親的心跳從八十幾突然下降為三十五，急救室旁的醫護人員連忙大叫：「CPR！」然後紛紛湧入幫她急救，我被趕出來以免妨礙救援，急救了十多分鐘後，醫生問我：「剛剛那位先生呢？要請他回來。」我趕緊打給老公請他再返回醫院，心知不太妙。

第一次急救後，醫生出來說，母親已恢復自主心跳了，我才稍微安心下來，沒想到很快又需要第二次急救了！這一次另一個醫生就不斷出來要我們有最壞的心理準備，並問我們要不要不拔呼吸器留一口氣回家。我一邊哭一邊打電話問爸爸，爸爸也很震驚，但當下還是理性決定留在醫院比較好，不要搬來搬去折騰母親了，我又問爸爸要不要打給也住高雄市區的舅舅，爸爸說好，他可以幫忙料理許多事。

舅舅是軍人出身，接到電話很沉著快速地說：「好，妳別急，我馬上就到！」這時母親已宣告急救無效，只是呼吸器尚未拔掉，趁此時最後一次再握住母親冰冷的手，感受那手熟悉的觸感與形狀，因為接下來都握不到了。

舅舅半小時內就趕到，看了一眼，同意拔掉呼吸器，然後徵得我同意後打電話給兩週前才辦了舅媽告別式的禮儀公司，立刻就派了高醫駐點人員來挪至往生室，而且當下做主將遺體送到我娘家附近的禮儀公司分部，那裡也有冰櫃，且方便我們日後接待親友來靈堂致意。一切都像作戰一樣，舅舅沉著冷靜指揮若定，也許因為舅媽半個月前才剛過世，而整個十月，包括一個比較遠的姑姥姥，我母親娘家已過世了三個人，舅舅忍不住搖頭嘆氣：「哎，我們蕭家的家運……」

我坐上禮儀公司的車伴隨母親，回到家附近的禮儀公司分部，這時天已大明，正是上班時間，嘈雜的聲音宣告又是一個生者的世界，路上汽機車多如潮水，大家都忙忙碌碌為了衣食奔波，我恍惚坐在母親身旁，心想這是最後一次她走在這條熟悉的建國路上了，她一定沒想到半夜到醫院後，天亮就是以這種形式回到家附近。

二——死亡的滋味

因為死亡來得太突然、太令人震驚了，頭兩天是我和父親最難過的時候，都睡不著，父親吃鎮靜劑才勉強睡著，我因為懷孕抗拒吃藥，就長達四十二小時沒睡。

心裡一直反覆放映著母親插管時的痛苦模樣，覺得很心痛，死亡如果寧靜降臨我反而可以接受，可是臨死前還這麼痛苦，使我至今很難釋懷。只能說，我們在母親生前都太避諱討論死亡這件事，沒有仔細去思考急救將會如何降低生命品質。

我於是不停反芻在急救室裡的每個細節，有哪個環節做錯了？母親為何自願插管，那不是很痛苦嗎？她在昏迷中，是否聽到了我跟老公討論如何應變，於是決意不要拖累我們？她為何到急救室報的是父親的手機還報錯，醫院查找病歷上的緊急連絡人才找到我，以致延誤了快半小時才通知我？

想著想著，天就亮了。各種繁冗而至的現實又紛沓而來，我們眼下連哭的時間也沒有。首先要決定告別式日期，而要決定日期就要先看好墓地，然後選擇採用哪種宗教儀式、要通知誰、訃文要怎麼寫、大頭照要挑哪張、要不要做紀念ＭＶ⋯⋯

一樁樁都要在大概兩、三天內決定好，因為現代生活節奏緊湊，大家都無法脫離工作崗位太久，尤其妹妹在國外工作，喪假有一定期限，十天左右就一定要再回去。

忽然想到小津安二郎的電影《東京物語》，一對鄉下老夫婦上東京探訪子女，子女卻各有各忙，誰也沒辦法好好招待爸媽，孰料老太太在回家的路上因為不堪旅途疲憊猝死了，子女們才後悔沒有把握最後的相見機會好好團聚；然而喪禮匆匆辦完，子女們仍要回到各自忙碌的生活裡，誰也沒辦法留下來陪伴孤單的老爸。早在一九五三年，小津就預見了現代都會生活的無奈，所有人都捲入忙碌的齒輪裡，連父母的來訪及死亡都無法暫停下來去好好面對。

真是荒謬而悲哀，大家究竟在忙著什麼？如果不這麼忙，是否就無法在都會中的職場生存下去？現代生活，究竟為什麼讓人忙到這種田地呢？

而《東京物語》中老夫婦尚有四名子女來處理後事，其中一名雖戰死但媳婦卻帶來最溫柔的支持力量；少子化的臺灣未來，獨生子女將如何獨自面對父母的養生送死？從這個角度看，懷雙胞胎，也是一件很好的事。

隔天禮儀公司介紹的業務帶我們去看墓地。為了想跟剛過世的舅媽葬在隔壁，墓地選在離娘家開車約一個半小時的旗山附近。奔馳在高速高路上，我們都不作聲，被低沉的情緒壓得動彈不得，雖然只有一個半小時的車程卻覺得路途迢遙。我想到蘇東坡在〈寒食雨〉寫到「君門深九重，墳墓在萬里」，因為盡忠不成盡孝也不得，令他

「也擬哭途窮，死灰吹不起。」雖然他想仿效阮籍途窮而哭，卻哀傷到連哭都哭不出來，心如死灰再難燃起。「墳墓在萬里」原來是這麼一件令人難過的事。

選定墓園，就趕緊印訃文，我們還要擬訂訃文寄發的親友名單，以及迅速挑出母親生前照片做紀念光碟。大家都又累又沒食欲，而且家裡處處是母親的蹤影，她的記帳本還停留在死前一天，寫著去「大潤發」買菜花了多少錢，冰箱打開來都是她買的菜，洗衣陽臺她的衣服也尚未收下來，對我來說最驚心的是她死前提到的「五六十塊一碗就很好吃的葡萄」，還放在冰箱裡，試吃一顆果然好吃，但我想這會是我日後對葡萄揮之不去的陰影吧！總之，家裡處處是思念的地雷，隨意碰觸到都要讓人魂飛魄散。這是無預警死亡給家人最大的難題。

基督聖徒
蕭津瑭 姊妹
安息之所

三——親屬關係板塊位移

治喪期間，我又做了一次產檢。可喜的是，雙胞胎已長出手腳，而且照超音波時不停滑動手腳，像兩隻好可愛的小精靈，忽然深刻感受到什麼叫生命的代謝。

來參加葬禮的人比我預估的還要多。母親只是個家庭主婦，而且生性低調內向，完全沒有社交活動，但親戚、我們的同事、同學、朋友倒是紛紛到齊，場面並沒有太冷清。許多人憶起我母親直率、真誠以及對他們的照顧，也有些人出乎我意料地哭得好傷心，讓我感到，即使是家庭主婦，還是或多或少在人們的心中占有地位；再怎麼平凡無奇，每個生命還是都會被看見、記得。人真的要珍愛人生，不要妄自菲薄；我們沒有自以為的那麼了不起，也沒有自以為的那麼微不足道。

我們以基督教儀式安葬她，基督教儀式簡潔隆重，因此並未上演如劉梓潔〈父後七日〉的種種悲喜劇，我們流暢、安靜地在十日內辦完葬禮。親友們也就各就各位，回到各自的生活了。

回到各自的生活，才是艱難的開始。親屬關係也像金木水火土的五行關係，每個人都有其位置與角色，平衡了才能運作下去。如果不平衡，家庭就會分崩離析、或危機四伏。現在我家少了一個人，彼此的位置和角色都要調整，才能回到日常的軌道上。

我們都必須分擔一些過去母親所承擔的工作，最辛苦就是父親，他還在遠處的核電廠上班，兩天才回來一次。平常下班回家就有飯吃，然後看電視、讀書報、睡覺。家事、烹飪都是母親負擔，他負擔的僅是洗碗、倒垃圾，偶爾去買飲用水。每個月薪水都交給母親管，從來沒有自己管理過一分錢，採買雜物等事情也都交由母親負責。母親死後有次我跟他去銀行刷存摺，他驚問：「把這個放進ＡＴＭ裡就可以刷了嗎？」我也大驚：「你連這個都不知道嗎？」

母親一死，連生活都成問題。電影《東京物語》的重拍版《東京家族》裡，鰥居的老爸也是生活都成問題，日本大男人更是離不開老婆，後來還是離島人情味濃厚，鄰居願幫忙打理三餐及洗衣才得以生活下去。

我娘家在都市，附近餐館多，父親便餐餐外食。但打掃、洗衣這些事必須自己動手，沒有好心的鄰居幫忙，我們不住在一起，也沒辦法替他負擔。所以母親死後他最直接的感受便是他很忙，下班回家還要處理家務。

我也突然要承擔起連繫和照顧責任，並且直接面對母親那邊的親戚。從治喪期間便很深刻地感受到，每日單單張羅大家的吃飯，就是一件煩瑣的事，我以前只要管好自己吃飽穿暖即可，從不需費心照顧他人，這也才了解原來「母親」的本質是照顧別人與犧牲自己，等於是提前預習了母親角色。因此和其他家人的連繫也變多了，本來我不太和父親、妹妹交談，並非感情不好，而是因為有母親可依靠所以疏於連絡。我們習慣以母親為中樞，跟她聊自己的事，再由她口中傳播給其他家人聽，我們得知其他家人的訊息也由此徑。所以母親死亡的當下，我甚至沒有妹妹的日本手機號碼，還是回家查了一下才查到的。

現在，我要更頻繁地打電話給父親和妹妹，直接了解他們的情況。連對母親那邊的親戚也是，本來婚喪喜慶都是母親自己去應付，我們長大後就不太出面，現在親友要致意之類的事，都會先找我處理。他們比較深層一點的心事，我也就再也聽不到了，到底是晚輩，阿姨們和舅舅不會跟我說——以前都是他們告訴母親、母親再告訴我的。

因此，我也變忙碌了。妹妹因為擔心家裡，更常飛回來探視，應該也給她添了許多麻煩。少子化的家庭，家人死亡所帶來的板塊震盪變得更為劇烈，每位遺族都必須趕快位移，才能撐起日常的地表。

居喪期間以及後來，好幾次我都慶幸結了婚，老公幫了很大的忙。老公是臺大碩士，聰明幹練，幫忙跑死亡證明、處理遺產手續、拿主意、辦各種瑣事，更因為我懷孕不能提重物，最後他還幫忙「捧斗」。

他說這沒什麼，也算是一個「食客」來報答一下長期在我家吃飯之恩。他服替代役時，是在我娘家對面的縣政府做事，每天晚上都會到我家吃晚餐。母親曾說：「當兵當到樓下來啦！」然後歡天喜地招待他吃晚餐。

我家裡各人便如此努力延展自己的擔荷力，總算維持了新而規律的生活秩序，並在這新的秩序中找回平靜。季節悄悄地進入深秋，害喜的煎熬也突然緩和下來，或許因為進入懷孕中期了，也或許因為這段時間必須攝取充分營養才能應對突如其來的巨變，所以身體自動壓制下害喜症狀，讓我回復了胃口。母親死亡了，我卻必須為腹中的兩個新生命大吃大嚼，在這其中我再次體認到生命繁衍的本質，原是這樣殘酷無情，一代踩著一代前進，不能後退。

四——看見母親

1.

我在母親墓前放上兩千的公托畢業證書，又是秋高氣爽的時節，母親過世三年了，我還沒有帶兩千去掃墓過。一來怕她們不耐坐車而哭鬧，二來跟她們說到死亡的議題時，她們不太理解但本能地害怕。只好都趁她們送托時去掃墓，長大一點再去。

三年來，除了坐月子時夢見過母親，後來太忙碌混亂了，多半是無夢的酣眠。但每天我都會想起她無數次，好奇她過去怎麼育嬰，如果遇到這麼頑皮愛哭鬧的兩千會如何反應。懷孕生子是人一生中最接近和體諒父母的時刻，陳浩推薦黃哲斌《父親這回事——我們的迷惘與驚奇》時，曾這麼寫道：「俗話總說：『養兒方知父母恩。』我們不妨先將『恩』字含著，『養兒方知父母』遂成一人生的狀態，一書寫之湧動，探索之本能。」

很可惜就在我更深刻地理解母親時，已無法和她對話了。我最美麗的創作——兩千，也無法展示給她看看，喜歡小孩的她，若看到活潑可愛的兩千不知會怎麼樣的欣喜？

對沒有宗教信仰的我來說，死亡是虛空。沒有永生、沒有輪迴、沒有天堂或地獄，就只是虛空而已。我從母親的死亡中體會到徹底的虛空和寂靜。我放兩千的照片在她墓前，只是藉想像來自我安慰而已。心底其實清楚，她看不到，也不知道。

母親的死和兩千的生都極其偶然，是一連串因緣湊巧堆疊出的「果」。生為常人，我既不能掌握那因，也不能不在乎這「果」，而這「果」即將成為未來哪些發展的「因」，也是我全然無法掌控的。在生與死面前，人都很微小，只知痴戀相聚時，彼此帶來的溫暖與恩情。

無論父母或是兒女，都是這般微小又可憐。

好友說起對母病的憂心，覺得不能承受她的死亡。我只能以過來人的體悟老實以告，在「生」與「死」的拔河中，如果不幸是「死」的那一頭占上風，那，就鬆手吧！掙扎最苦，「死」反而是解脫，如莊子所說的解倒懸之苦。我對母親後來插管急救的痛苦耿耿於懷，寧可她放棄救治死於睡夢中。她實在不必為了多眷戀我們，而接受插管急救的啊！那種「愛別離」之苦，我來承受就好。如果時光能倒流，我但願我能在平時就與她理性討論，說服她先簽好「放棄急救同意書」，註記在健保卡上，時候到了，能把她肉身的痛苦減到最低。

當然我知道，現代醫療進步，讓人在疾病裡匍伏掙扎的時日更長，究竟什麼時候該鬆手，其實很難拿捏。而且喪母之痛，是理性難以化解、言語難以形容。

沒有經歷過的人，連稍微想像一下，都無法承受。朋友後來抗拒再講下去，彼此訕訕地掛上電話，我也無比疼惜和理解。

我母親不是能幹的人，個性也有許多缺點，然而於我有浩蕩的恩情，她給我的愛，是先於我有記憶之時，是動物性、直覺性的，本能地我靠向她，那裡自然有滂沛的光與溫暖，所有世人對我的疏忽惡意冷漠，都可以藉由向她索愛而一筆勾銷，讓我可以繼續正向開朗地面對世界。

失去她，是驟失這些湧動不絕的光與溫暖，失去一位在世上無條件愛我的人。雖然我已成年，不致危及我的生存，然而這仍是很大的情感裂口，我想起來就撕心裂肺，在心底嚎啕。

2.

在世俗的看法裡，母親只是再普通不過的家庭主婦。她內向害羞，上臺從來沒能完整講完一篇話，比如她曾擔任國小愛心媽媽，升旗時要跟全校小朋友自我介紹，她說她一上臺講完第一句腦筋就一片空白，不知怎麼才結束的；考試也總是怯場，大學聯考、就業考試都表現失常，她說是一進考場就把讀過的東西忘了大半。她的大嫂、姊妹們、妯娌紛紛擔任中小學老師、公務員、電子廠護士，一個個幹練俐落，周旋在工作與家庭之間彷彿游刃有餘，母親相對之下就平凡黯淡許多。她對金錢極度吝嗇，省錢省到毫無智慧的程度，對我父親也很苛刻；情緒化、一生氣就歇斯底里，不能理性討論事情；政治傾向是不可思議的鐵桿藍，完全罔顧臺灣真實的歷史演進，而且一和她據理辯論就不高興。

然而作為母親，她從來也沒有為個人享樂或夢想拋棄過我們姊妹一小時（我都做不到！），也從來沒有為了面子或世俗看法而不傾聽支持我們；生活上無微不至照顧我們，還積極為我們爭取最好的教育資源。對金錢極端慳吝的她，對我們讀書學才藝總是毫不猶豫地拿出錢來，從來沒有拖欠過一天。她希望我多元發展，小學時便讓我學鋼琴、繪畫和舞蹈，國中還讓我捨棄考取的資優班不唸而去唸美術班，理由是：整天讀書太可憐了，美術班至少下午都在畫畫。我唸研究所，妹妹幾次出國留學，她總是全力支持，從不認為這是奢侈、沒必要的追求，儘管我家家境只能算是普通。

時時刻刻，她記掛我們，照顧我們，支持我們；卻又不主宰、不操控。但凡我們的選擇和決定，比如就學、就業、擇偶、買房，她未必都認同，但都包容，反而在精神和物質上給我們很大的協助。她總相信她的女兒是最棒的，無論選擇怎麼曲折的道路，最後都一定有能力走下去。

如果作母親是一種修行，她實已把自己修煉成道家追求的最好狀態，也是我認為作父母最難達到的境界：「生而不有，為而不恃，長而不宰。」我當了母親之後，才知道這其中的艱難。

聽過太多想左右兒女人生的家長，期許兒女學醫、考公務員、嫁娶富家子女，凡是岔出主流價值的，一律以親情為要脅大刀砍斷，而無法欣賞錯綜枒杈交織成的美麗生機，弄得子女想活出自然生命樣貌必得遠離父母，親子反目，流離失所。

母親似乎參透這些，她寧可要與她親愛的女兒多愉悅相處，而不要為他人眼光對女兒作無理要求，扼殺親子感情。無論什麼情況，她會一直支持我們，這是她到死之前都不斷透露給我們的訊息。

我多麼幸運！

3.

當然她也是遇到了很大的生命難關，才能鍛鑄成這樣的母者。

在我們小時候，母親也曾很緊張想掌控一切，在意分數和他人看法，嚴格要求我們的成績和表現。國小四年級時有次月考考了第五名，就被她拿塑膠棒球棍修理了一頓，她只能接受前三名。

但她四十九歲時，某日晾衣，突覺上手臂怪怪的，又聽到廣播宣導乳癌防治，去檢查居然發現了乳癌，而且已經感染到淋巴結，大概三期末了，醫生跟我父親說，她只剩一年半到兩年的壽命。

這當然是晴天霹靂，當時我高三、妹妹國三，都是正在拚聯考的時候。母親常在飯桌上對我和妹妹說：「如果媽媽死了妳們要怎麼辦？」然後潸然落淚。母親選擇認命去手術和化療、放療，經歷掉髮、噁心、虛弱、白血球下降的一切不適，她尚且失眠，靠安眠藥入睡了很久一段時間。期間她得知在醫院認識、彼此打氣的乳癌病友因感冒過世，情緒崩潰了好幾天。

我和妹妹還是被保護得很好，不知道事情的嚴重性（父親隱瞞全家，直到事情過了十幾年後才把醫生的預測說出來）。我是渾渾噩噩的高三生，每天在學校被好幾份考卷輾壓後，回家總是要先睡一覺，才能再爬起來讀書。有時只是清晨五點起來讀一個多小時，把隔天要考的東西看一看，就去上學了。很奇怪的是，我也不過度擔憂自己的聯考成績，對家裡的事也沒太多想法。我想，妹妹也是同樣的狀態吧！或許是開啟心理的自我保護機制，我們彷彿進入夢遊狀態，並不醒覺生死或前途，迷茫機械地走完一年，聯考居然也雙雙告捷。

母親這時化療也告一段落，看到我們紛紛考上理想學校，心情便開朗起來，而且突然想通什麼似地，對生死泰然處之，遵醫囑治療調養，卻也不過度憂心，性格整個變得爽朗豁達，儘管後來又發現了大腸癌和甲狀腺癌，但都是零期，治療後也都沒有復發，最後還比醫生評估的多活了十五年，而且並不是死於癌症。

我和父親私下評論，罹癌之後她變得好相處許多，變得比較能放手，也不再那麼易怒。疾病沒有摧毀她，反而焠煉出豁達開朗的性格。

人們總是視權勢名利為成就，其實能克服病苦才是卓絕有成。在迷宮般的大醫院孤獨穿梭，忍受冰冷儀器的侵入、探測，一次次化療造成反胃、腹瀉、掉髮；疲倦，形貌上的憔悴衰老，沒有堅韌勇敢的人格，如何承受？在面對病苦上，母親是驍勇的戰士，為了避免麻煩家人，大部分的化療和檢查她都不要人陪，回家後的身體不適也很少哼哼唧唧。本來就不愛漂亮，所以形貌上的變化她也很坦然接受。

三十多歲後我也籠罩在乳癌陰影下，定期做乳房檢查，反覆被醫生懷疑有腫瘤，做進一步的穿刺、攝影、等待報告出爐。穿著慘綠色的檢驗衣，坐在面容憔悴的中老年婦女中等候叫號，像一盆行將枯萎的細瘦盆栽，脆弱而孤獨。

踩在跟母親相同的檢驗道路上，我才又更理解她的堅毅和忍耐，明瞭她的豁達有多麼不容易。母親塊頭大，生完兩個小孩後身材變胖許多，不化妝、不愛打扮，除了養育小孩外一無其他欲求；我則纖瘦愛漂亮、企圖心強、什麼都要規畫爭取，和母親多麼不同。而疾病將使我的所有努力都付諸東流，想到這裡，我就經常心有罣礙、有恐怖，夜間顛倒夢想……，頓覺在死亡面前母親比我高大許多。

唯有對容貌名利不那麼在乎的人，才能最不被疾病擊倒。

平凡的母親，從來就把男人的目光、容貌、名利看得很淡，在疾病面前，便較一干飛揚美女更顯身影高大、尊嚴完整。她有一種透澈的智慧，對榮華富貴生活享受毫不動心，說話也很直率敏銳、單刀直入，有時令人難以招架，她的姊妹們和我卻都很愛她這分冷澈，常常需要她針砭一下才會醒覺過來。

成與毀、美與醜、絢爛愛情與平淡生活，何種追求為是？何者才是生命本來的面貌？野心使人進步還是使人痛苦？養育子女究竟是徒增牽掛還是帶來安慰？我在乳癌陰影下經常在思索這些。

4.

腫瘤檢驗結果揭曉前我總是牽掛兩千，我想，母親也是吧！罹癌時唯一害怕失去的，就是女兒。女兒是她一生最大的牽掛與成就。

據表姊說，後來她曾找了通靈人探問，母親托通靈人傳了口信，要表姊多照顧當時懷孕的我。

我不相信人能通靈，但相信這是母親臨死前的心意。其實不必透過通靈人，我也知道，這是她一貫的反應與處事態度。

出版人郝明義在《故事》中提到，他初一時母親就因子宮頸癌開刀失敗而過世。從她發現異常到過世時間很短，父親因為他小兒麻痺行動不便，也不要他去醫院。所以他只記得兩三個清晰的畫面，郝明義如此描述：「一個是夜裡被她哭醒，看到她背著燭光凝視著我，淚水滴在我臉上。一個是她要動手術的前夕，我在外面貪玩，沒有及早趕回家去見她，她躺在炕上，氣得不肯和我說話的背影。」

他在母親死後，無畏小兒麻痺的限制，讀完中學就勇敢從釜山飛往臺灣大學唸書，在出版界闖蕩出自己的一片江山。直到年近四十，他才被一些場合喚醒了對父母的深刻思念，而憶起了這兩個畫面。

他記得的第一個畫面，我也曾經歷過。某日午後醒來，轉身看到母親戀戀地凝視我，說我彎腰睡成蝦子形，對脊椎不好。

他記得的第二個畫面，我也有同感。母親罹癌時我十八歲，大學志願還是毫不猶疑都填臺北的大學，絲毫沒有想過留在家鄉或許更能照顧母親。年輕而受寵的孩子，在父母的愛中有充分的安全感，總是迫不及待要到這廣大的世界探索發展。

幸而母親手術成功，又多活了十五年，讓我來得及探索發展後返鄉工作，陪伴她的晚年生活，帶她出去玩、送她母親節禮物，最後在她床前送了終。想到最後可以成為唯一陪伴在她身邊的家屬，就覺得返鄉工作的決定非常值得。

而今我也常戀戀地凝視兩千的睡臉，明瞭了這些母親們的凝視中所飽含的情感。年輕而受寵的孩子，睡臉多麼飽滿而安詳，有如天使。希望神能再多給我一些時日，至少能活到兩千生兒育女後，給她們強而有力的支持，再把我的經驗感受傳承下去，就了無遺憾。

如果不幸在她們未成年前死亡，而她們沒太多感傷只一心想往外發展，我也不怨怪。那只是證明她們得到的愛像救生圈般充足，可以負載她們漂浮到很深很遠，讓她們無畏且勇敢地，去體驗那五光十色的廣大世界。

5.

母親的一生，平凡無奇，就只是不斷付出。不為女性主義價值所鼓勵，也不被世人所看重。

母親的一生，何等孤獨，何等微小。我不知她是否後悔生小孩後就辭掉大學畢業即從事的旅行社工作，她把那個時期稱為「我作小姐的時候」，常回味無窮地說那時多風光、多時髦，和老闆娘同事一起去吃了什麼好料理。

她又往往語鋒一轉，說：「所以不要太早生，要玩夠才結婚生小孩，才會甘心。」母親三十歲結婚，三十一歲生下我，在那個時代算是晚婚晚生。看看她在臺北作小姐時期的照片，果真風光時髦。帶著膠框大眼鏡、鬈髮膨鬆、身著喇叭褲高跟鞋，白皙豐滿，但還不到肥胖的地步，也自有一種富態風騷的韻味。

母親雖緬懷她「作小姐的時候」，但感覺上只是懷念卻不後悔，生養我們後一天也沒有享受過「作小姐」的生活，像是美容、旅行、拋下小孩和朋友吃吃喝喝等等，她只是很安然地在家照顧我們，閒時看書養鳥、蒔花種草，沒太多自憐和抱怨，她表現得很恬淡。

也許有像她這樣的女人，所求不多，「作小姐」時開開心心，結婚後只想擁有肉身的延續，瓜熟蒂落的篤定感，在自我犧牲與不斷付出中，滿溢恬然充實的幸福。我對她的恬淡時常很納悶，因為我不能。

是否我對「成就」的定義太褊狹，太與男性觀點看齊？

普立茲文學獎得主安．泰勒（Anne Tyler）的小說《昨日當我們盛年》（後改編成電影），敘述了一個類似我母親這樣的瑣碎人生：寡婦蕾貝嘉活到了中年，把夫家人及繼承事業都照顧得很好，繼女們也都和她很親密，但過盡「為人作嫁」的生活後，開始疑惑自己放棄學術選擇嫁進這樣的家庭是否正確，於是想辦法跟高中舊情人約見面，想找回當年的自己，然而高中舊情人雖然已成今日的醫學院教授，兩人個性上的扞格依舊存在，最後還是無法舊情復燃。蕾貝嘉不禁懷疑自己這一生究竟有何意義，照顧那麼多人，大家長大了還是各奔前程去了，自己還是不受重視。繼女質疑自己的父親娶蕾貝嘉只是為了「好用」，高中舊情人質疑她的派對事業只是一些社交活動，女婿剪輯的家庭歷史錄影中，竟然完全沒有出現她的身影，也無人察覺！她的心情陷入低潮，然而因為一場旅行的夢境，忽然體悟到即使是為人作嫁的辛苦的一生，與家人互依共存的生活也未始不是一種樂趣，生命的厚度和質感已不同於當年。她於是釋然，結束了這一段女性中年的自我追尋之旅。

電影由一堆瑣碎的事務堆疊而成，女主角無論做什麼都不斷被打斷，從片頭到片尾經常響起的電話鈴聲，忠實呈現尋常主婦的人生與命運就是如此。為人作嫁，永遠沒有完整獨處的時刻與自己。但我喜歡安．泰勒的地方在於，她並不否定如此的人生，反而以她的幽默、溫暖、豁達去化解，找出意義——或許女主角也享受了部分樂趣，或許凝聚了家族、修補好眾人也是一種收穫。重點是，這是她所選擇的，而非被迫的決定。和高中舊情人重逢後，她更清楚當年為何做此選擇。

看完小說和電影後，我對母親的恬淡自足有了另一種視野。母親一直讓我感覺，結婚生子、當家庭主婦也是她所選擇的，而非不得不的決定。她思考過、充分體驗過精采的單身生活，才洗盡鉛華投入家庭。

我生小孩前曾展開漫長的辯證與思索，或許也是受母親影響，而不自覺遵循她走過的足跡。

她很幸運出身於小康的外省家庭，受到大學教育，得以想清楚後才選擇成為母親；她愛她的選擇，盡心地照顧我們；她尊重我們是獨立的個體，當我們成長後理性地放手，自己排遣孤寂。

我從我母親身上看到，即使是一個平凡的女人，在作母親的種種艱難中，也可以修煉成多麼堅強勇敢的靈魂。即使是一個平凡的母親，也可以給他人的生命，帶來多麼大的光輝和支持。

這難道不是一種成就？只是不能留於青史，也不被世俗所肯定罷了。而太多的母親們都是如此。

我從未認真看見她，總覺得很親暱而任意相處，直到她死後許久我才省視到她在為母之路上的努力，以及在對抗疾病上的勇敢。

我平凡的母親離世了，但是感謝她給我的愛，像一只靜定的錨，讓我在世事的波濤中，總是安寧舒適，從未流離失所。

當母親是禁錮也是壯遊

對現代女性而言，有那麼多豐富精采的生活可以嘗試，當母親反倒像作繭自縛，生小孩好像生下一個小肉票，從此為了小人兒的平安成長，必須跟許多不苟同的人事一一妥協，再也不能自由自在、隨心所欲；然而從某個角度想，當母親也像是一趟壯遊：不能回頭、成本奇高、沿途風景都是未知，有什麼旅行比當母親更冒險、更刺激？

何況新生命的風景總是令人目眩神搖，被孩子全心信賴和愛的感覺更是甜蜜，小嬰兒的一朵微笑，就是身心俱疲後最芬芳的回報。

壯遊之後，韌性加強、視野拓寬，如果還有片刻能回來作自己，重拾過往的興趣、事業或生活，就是還算值得的嘗試。

（當然也有人壯遊之後樂在其中，完全脫卸了過往，蛻變出全新的自我，以全職母親的身分開心壯遊下去，我見過這樣的母親，只能說是非常佩服。但我不是這樣的人，我總是想念未生小孩前的志向與生活，比例可以減少，但不能完全沒有。）

然而想要回得來作自己，必須有親族、社會及經濟的強力支撐，才有可能達成。

沒有強大的後援，再怎麼光鮮能幹的母親，也將在龐大的家事及育兒重擔中折翼，再難回返到往昔航道。

這便是許多母親們的困境，也是令女人裹足不前、了無「生」意的主要原因。臺灣大多數母親們，在產假只有八週、先生陪產假只有五天、公共托嬰中心覆蓋率只有百分之一、請完育嬰假後很難回復原職的情況下，只能咬牙苦撐，一人在家全天候照顧幼兒，或在長時間的工作下班後飛奔去保母家接回小孩，並把所領低薪中的二分之一或三分之二，交給保母。傳統的性別分工，又將育兒重擔過度集中在母親身上，使得當母親已經不是美好的壯遊，而是自我的迷路。

曾有一位護理師告訴我，小孩兩歲前，她常常累到連去買便當，都說不出話來。身心俱疲的媽媽們，無法為自己申說困境，連育兒時日日閃現的美好片刻，也不太有空記錄下來。

有幸得到許多支持的我，因此想要為自己與廣大的母親們，記錄現時臺灣一個上班族婦女於這一趟新手媽媽之旅的真實所見。為什麼想生小孩？生小孩之後的生活是如何？體悟是什麼？都是很多人想問，卻難以三言兩語就回答出來的問題。我只能翔實記錄一路走來的過程，來回答這宏大的命題。

而支持我得以書寫的貴人很多：首先要感謝我的公婆和父母，提供強而有力的親情後盾，在物質、人力和情感上都不吝伸出援手。可惜我的母親中途離世，不然直爽的她遇上活潑刁蠻的兩千，應該會擦出許多有趣的火花；感謝我老公，聽到我懷雙胞胎不但沒嚇跑，還分擔家事及育兒責任（最男子漢的作為莫過於此）。每晚「陪睡」兩千時，總順便和我討論世事，給我很多很棒的觀點，為繁忙的雙胞胎養育生活憑添許多靈光。如果讀者想要得到「平衡報導」，或是想了解心理學專業如何看待育兒這件事，也可參見他的著作《心理師爸爸的心手育嬰筆記》（新手父母出版）。

再來要感謝亭又、雋弘、湘雅、俐伶幫我辛苦代課，讓我得以安心休假；感謝好友卓欣、若瑜、慧敏、恕梅、淑如、小芬、珮之、琬瑜、尚慧、錦錠姊，聆聽我的心情，幫我看稿、校對，給我中肯的意見；感謝陳菊市長成立公共托嬰中心，讓適合「多對多」帶養方式的雙胞胎家庭，得到有力的托育支持；也感謝鳳山公共托嬰中心的全體老師們，疼愛、照顧兩千，讓我得以從母職壓力中釋放出來，寫下當時的心情。

還要感謝國藝會給予創作補助，讓我在育嬰假期間得以無柴米之憂地創作；感謝「方寸文創」的顏少鵬總編輯，在我尚未申請到出版補助前，便獨具慧眼及膽識，願意為我出書，還給我許多修改建議；感謝高雄市政府文化局給予出版補助，扶植身處南部、文化資源匱乏的新人作者，讓南部上班族母親的育兒觀點得以呈現在世人面前。

最後要感謝楊昌年、石曉楓老師的慷慨賜序，各自提出精采的詮釋，還予我溫暖深情的祝福；也感謝楊翠、凌性傑、陳育萱老師的推薦，寫作路上，得到你們的提攜與指教，真是無比幸運。特別要感謝性傑學長，在我尋求出版的過程中給我好多建議與幫助。

從以上感謝名單，就知道一個媽媽要能氣定神閒地浮出水面發聲，需要多少人的幫忙。世界上其實還有很多不同處境的母親／養育者，每個生命的成長都是不一樣的，每位媽媽們的心情也各有不同，只是沉重的母職壓力，壓得她們很難都「浮出水面」發聲。期待臺灣社會能更包容、支持這些母親／養育者們，讓她們得以有餘裕述說自己的母親經驗，我們需要各式各樣的母親聲音，來促進政策的變革、社會觀念的調整，並提供後來者重要的參考。

期待母親們壯遊之後，都能回來作自己。

書系｜心無限3

母親進行式

作者——●楊子霈
美術設計—●兒日
版面編排—●黃秋玲

總編輯——●顏少鵬
發行人——●顧瑞雲
出版者——●方寸文創事業有限公司
地址｜臺北市106大安區忠孝東路四段221號10樓
電話｜(02)2775-1983
傳真｜(02)8771-0677
客服信箱｜ifangcun@gmail.com
官方網站｜方寸之間 http://ifangcun.blogspot.tw/
FB粉絲團｜方寸之間 http://www.facebook.com/ifangcun
法律顧問—●郭亮鈞律師
印務協力—●蔡慧華
印刷廠——●盈昌印刷廠
總經銷——●時報文化出版企業股份有限公司
地址｜桃園市333龜山區萬壽路二段351號
電話｜(02)2306-6842
ISBN——●978-986-92003-8-7
初版一刷—●2016年12月
定價——●新臺幣260元

20th 國｜藝｜會 NCAF
本作品由財團法人國家文化藝術基金會贊助創作
並獲高雄市政府文化局書寫高雄出版獎助

Printed in Taiwan
版權所有，非經同意不得轉載，侵害必究。｜如有缺頁、破損或裝訂錯誤，請寄回更換。

國家圖書館出版品預行編目（CIP）資料

母親進行式／楊子霈作／初版／臺北市：方寸文創，2016.12
208面｜21x14.8公分（心無限系列：3）｜ISBN 978-986-92003-8-7（平裝）

1.母親 2.生活指導

544.141　　105020683

初生的喜悅如香檳開瓶，洶湧綿密、滋味迷人，
令每個細胞都歡愉不已。

方寸文創